Un GRAND Week-end

Balades secrètes à Paris

Marjolaine Koch

AVANT-PROPOS

Paris, Ville Lumière, ville cliché ? Allons plus loin ! Car sur les édifices les plus emblématiques de notre vieille capitale, se cachent de nombreux détails prêts à vous révéler les innombrables facettes qui font sa richesse. Parcourez les rues le nez en l'air, dénichez des surprises aux balcons ou sous vos pieds, tombez nez-à-nez avec de jolies maisonnettes bucoliques au cœur d'un quartier en effervescence, découvrez des ornements derrière les portes cochères... Paris réserve mille surprises et c'est ainsi qu'on l'aime !

Dans ce livre, je vous propose de côtoyer aussi bien ses incontournables que ses lieux les mieux gardés. Rien de plus simple : suivez le guide pas à pas, écarquillez les yeux et lisez les panneaux « Histoire de Paris » installés près de tous les points d'intérêt pour en découvrir encore plus. Au fil de vos promenades, c'est un Paris mutin, tantôt léger tantôt grave, en constante évolution, qui se dévoilera à vous. Le portrait d'une ville culturelle et vivante, toujours soucieuse de rester accueillante et innovante.

Notre auteur

Marjolaine Koch, journaliste, est une vraie citadine dans l'âme. Son credo ? Arpenter inlassablement les villes d'Europe pour comprendre leur histoire, découvrir leurs quartiers et prendre le pouls de la vie locale. Dans ce guide, c'est à sa ville préférée, Paris, qu'elle s'est intéressée. Elle nous propose 20 balades pour plonger dans l'histoire de la Ville Lumière et découvrir tous ses secrets. Retrouvez les trésors accumulés par Marjolaine sur son site www.millechosesaparis.com.

Un Grand Week-end sur les réseaux sociaux

Suivez-nous sur *Facebook*, *Twitter* et *Instagram* **@Ungrandweekend**

Vous y trouverez nos photos coups de cœur, nos expériences uniques et surtout une réponse personnalisée à toutes vos questions.

Et si vous y contribuiez ? Nous aimons beaucoup voir nos guides en voyage : postez une photo de votre guide en situation et taguez-nous, nous partagerons les plus belles et récompenserons régulièrement les plus appréciées.

1 Sur les hauteurs DE MONTMARTRE

Symbole parisien par excellence, la Butte est un quartier très fréquenté, mais qui sait pourtant préserver ses secrets. Car, au-delà de lieux emblématiques comme le Sacré-Cœur ou le *Moulin Rouge*, il existe une partie beaucoup plus intimiste… Ainsi, en contournant la basilique et la place du Tertre, il est possible de plonger dans le Montmartre des habitants et de remonter le fil du temps. Une histoire riche où abbesses, moulins et artistes laissèrent tous une trace de leur passage.

Départ : sortie du métro Lamarck-Caulaincourt.

Durée : 1h30.
Voir plan p. 11.

1 Remontez la rue Lamarck pour atteindre, au croisement avec la rue Caulaincourt, la rue des Saules. C'est le début de l'ascension de la butte Montmartre★ !

★ Pour la petite histoire…

Sur le flanc nord de la Butte, des vignes poussent sur un tout petit lopin de terre ! Les habitants eurent l'idée d'y planter des vignes en 1929… pour empêcher la construction d'une HLM. Depuis, une fête des Vendanges est organisée chaque automne, pendant laquelle 300 litres de vin sont vendus aux enchères !

2 Un peu plus haut, contournez *La Maison Rose* où vivait jadis Maurice Utrillo. Dans la rue de l'Abreuvoir – où les troupeaux venaient se désaltérer à l'époque où Montmartre était un village campagnard –, une belle

Au Lapin Agile, le repaire des artistes

En haut des escaliers de la rue des Saules, un lapin émergeant d'une marmite vous accueille. Symbole de la fougue artistique qui s'empara de la Butte il y a plus d'un siècle, *Au Lapin Agile* est l'une des dernières guinguettes témoin de cette époque. Établissement malfamé à ses débuts, son premier nom fut *Au rendez-vous des voleurs*, devenu le *Cabaret des Assassins* lorsqu'on y peignit des scènes de vies de truands notoires... Le lapin fit son apparition en 1880 : le caricaturiste André Gill, un habitué, confectionna l'enseigne et donna son nom au cabaret, *Le Lapin à Gill* ! En rachetant les lieux en 1903, Aristide Bruant y attire le Tout-Montmartre bohème. Le lieu devint la cantine de Picasso, d'Apollinaire ou d'Utrillo.

maison à colombages verts arbore quelques particularités, dont un cadran solaire, des aigles et une Vierge Marie.

3 La rue de l'Abreuvoir débouche sur la place Dalida, dont le buste en bronze présente de troublantes marques d'affection de la part des passants... Faufilez-vous dans l'allée des Brouillards, une rue forcément piétonne vu son étroitesse.

4 Pour rejoindre l'avenue Junot, traversez le petit square Suzanne-Buisson (ce dernier peut être fermé si l'hiver est trop rude : dans ce cas, faites un détour par la rue Simon-Dereure, puis tournez à gauche dans l'avenue Junot). Après avoir gravi les marches, rejoignez les escaliers situés tout au bout du parc, sur la droite. La promenade se poursuit en prenant l'avenue Junot à gauche, mais, avant de vous lancer, faites un petit crochet jusqu'au n° 13... Avez-vous remarqué cette frise qui orne le haut de la façade ? Ce sont les fameux poulbots de Montmartre !

Poulbots de Montmartre

Francisque Poulbot, l'ami des gamins des rues

La maison du 13 avenue Junot est, en fait, l'hôtel particulier du dessinateur Francisque Poulbot. Ces dessins de petits gosses joufflus, qu'il peint lui-même sur sa façade dans les années 1920, deviennent l'emblème de Montmartre dans le monde entier. Personnage généreux, l'artiste créa un dispensaire pour aider les enfants du quartier. En 1922, il alla jusqu'à organiser un arbre de Noël au Moulin de la Galette, où près de 2 000 enfants du quartier firent irruption pour décrocher un cadeau !

5 Tournez le dos à la maison de Poulbot, et rejoignez la rue Norvins, où le *Passe-muraille*, œuvre signée Jean Marais (oui, il était acteur et sculpteur !) tente de se dégager du mur de pierre. Cette rue rejoint la place Jean-Baptiste-Clément (cependant, n'allez pas jusque-là !). Un nom qui ne vous dira peut-être pas grand-chose, alors qu'il vous est certainement arrivé de siffler l'un des airs les plus célèbres de ce chansonnier montmartrois : *Le Temps des cerises* !

6 Poursuivez votre chemin sur la rue Norvins : elle vous mènera à la fameuse place du Tertre, où les peintres de la Butte exposent leur travail. Saviez-vous qu'ils ont l'obligation de présenter des œuvres originales pour obtenir une place ?

Passe-muraille, rue Norvins

7 L'objectif de cette promenade n'étant pas de prendre un bain de foule, quittons rapidement les lieux en nous dirigeant vers le fond de la place du Tertre : empruntez la petite rue située à droite du n° 11. Elle vous mène à des escaliers offrant une jolie vue sur la capitale, pour peu que l'on descende quelques marches. Si vous faites ce parcours en hiver, prenez à droite place du Calvaire : les arbres nus offrent un panorama sur les toits de Paris.

8 C'est d'ailleurs dans cette direction que se poursuit la balade : la place du Calvaire rejoint la rue Poulbot. Remontez-la en gardant le nez en l'air, pour admirer notamment la façade du restaurant *Cinecitta*, puis rejoignez l'agitation de la rue Norvins. Tournez à gauche, revenez sur vos pas, et dévalez la place Jean-Baptiste-Clément. En bas du virage, vous croiserez la toute petite rue de la Mire★, que vous n'emprunterez pas, mais qui mérite une pause pour son histoire...

★ Pour la petite histoire...

La rue de la Mire ne fait que 46 m de long, mais en impose par son passé ! En 1736, on croisait ici la « mire du Nord », qui marquait le méridien de Paris. À la fin du XIXe s., après une discussion houleuse, les Anglais obtinrent qu'il fût abandonné au profit du méridien de Greenwich. En contrepartie, les Anglais promirent de passer au système métrique. Cherchez l'erreur !

9 Continuez votre route rue Lepic : un peu plus bas, vous verrez apparaître le fameux *Moulin de la Galette*, autre emblème de Montmartre.

10 En face du *Moulin de la Galette*, pénétrez dans la rue d'Orchampt, très étroite sur ses premiers mètres. Dalida vécut (et mourut)

Des moulins historiques

Sur les 30 moulins qu'aurait comptés la Butte, seuls le Radet, construit en 1717, et le Blute-fin, qui orne le restaurant du *Moulin de la Galette* et qui date de 1622, ont traversé les époques. Ils furent acquis par la famille Debray après la Révolution, époque où les religieuses - anciennes propriétaires - furent toutes décapitées. Meuniers de père en fils depuis le Moyen Âge, les Debray y moulaient le grain et pressaient le raisin produit aux alentours. En mars 1814, les Russes s'emparèrent de Montmartre, et seul un fils survécut à l'assaut. Quelques années plus tard, il transforma les moulins en bal populaire et y servait des galettes de seigle. D'où le nom *Moulin de la Galette* !

Rue Lepic

au n° 11 bis de cette rue. Une plaque et souvent des fleurs ornent le mur en souvenir de la chanteuse. Au bout de la rue d'Orchampt, il est temps de redescendre la Butte ! Pour cela, dirigez-vous vers la jolie place ombragée, où se trouve le Bateau-Lavoir de Picasso. Descendez les escaliers, et tournez à gauche dans la rue des Trois-Frères. Au croisement suivant, une épicerie devrait réveiller quelques souvenirs... Mais si ! Collignon, l'épicier d'Amélie Poulain !

Un trésor dans le sous-sol...

L'abbaye des Dames de Montmartre fut détruite à la Révolution, et les sœurs s'enfuirent pour éviter d'être massacrées. Quelques décennies plus tard, une rumeur enfla : les richesses de l'abbaye seraient restées sur la Butte. Une abbesse trop malade pour s'enfuir, aidée de son domestique, aurait caché le trésor dans un souterrain placé sous le château des Folies-Montigny. Alors que sa patronne était morte sur l'échafaud depuis belle lurette, le domestique, sur son lit de mort, aurait révélé la cachette du fameux trésor. Mais il resta introuvable...

Mur des je t'aime, place des Abbesses

⑪ Empruntez le passage des Abbesses, qui débouche sur la rue et la place du même nom. Durant sept siècles, l'abbaye des Dames de Montmartre fut l'un des principaux centres de la vie religieuse de la capitale.

⑫ Sur la place des Abbesses, n'hésitez pas à faire un tour du côté du square, qui abrite le *Mur des je t'aime* : la calligraphe Claire Kito a écrit ces mots d'amour dans 300 langues différentes ! En face du square, attardez-vous sur la drôle d'église faite de brique, l'église Saint-Jean de Montmartre★. Jetez un œil à l'intérieur : si sa façade rappelle par certains aspects des volutes orientales, le dénuement intérieur ne manque pas de surprendre ! Ne ratez pas l'autel qui, avec ses petites mosaïques, évoque aussi l'Orient.

★ Pour la petite histoire...

Première église construite en béton armé (au début du XXᵉ s.), les habitants du quartier la trouvaient si jolie qu'il la surnommèrent « Notre-Dame-des-Briques ».

⑬ Revenez sur vos pas puis, en face du passage des Abbesses, empruntez la rue André-Antoine. Tournez à droite rue Véron pour rejoindre la rue Germain-Pilon : quelques mètres plus bas se cache la vieille cité Germain-Pilon. Cette impasse ne possède pas de plaque pour indiquer son nom : c'est certainement l'un des habitants qui s'est chargé de le signaler en gribouillant son nom sur le mur... La cité Germain-Pilon fait partie des 998 sites parisiens insalubres référencés dans le *Catalogue de la misère*, réalisé en 2002 par la Mairie. Depuis, certains immeubles ont été réhabilités, mais d'autres sont encore murés.

⑭ Un peu plus bas sur la rue Germain-Pilon, attardez-vous devant la façade du n° 13 :

l'entrée sort de l'ordinaire... Avez-vous remarqué l'accès donnant sur l'arrière-cour ?

⑮ Vous voilà au pied de la Butte : le boulevard de Clichy vous fait renouer avec le tumulte de la ville, ambiance moteurs vrombissants, kebabs et sex-shops ! Échappez-vous à nouveau, en vous glissant à droite dans la si tranquille cité du Midi... Si l'ancien atelier de menuiserie situé au fond est en passe d'être totalement transformé, il reste encore l'annexe des locaux de Columbia Records, dédiés au jazz, et l'ancienne façade des bains-douches. Vers l'entrée, cherchez la villa Amandine et scrutez à travers la vitre de la lourde porte... Une jolie scène vous surprendra !

⑯ Un peu plus loin sur le boulevard de Clichy, ralentissez à la hauteur du nº 58-60... Derrière les lourdes grilles du portail en fer forgé et les arcades, on aperçoit une superbe entrée encadrée de colonnes et de deux statues. Il s'agit de la villa des Platanes, qui s'étend bien au-delà de notre regard. Un joli coin de verdure et plusieurs autres immeubles tout aussi travaillés se cachent derrière cette cour à l'abri du vacarme !

⑰ Remontez la rue Coustou pour atteindre la rue Lepic. Au croisement suivant, voici un autre emblème du film de Jean-Pierre Jeunet : le ***Café des 2 Moulins,*** où travaille Amélie Poulain et où vous pourrez faire une petite halte *(15, rue Lepic, 75018 - ☎ 01 42 54 90 50 - T.l.j. 7h-2h - Café : 1-2,40 €)*. Remontez toute la rue et tournez ensuite à gauche rue Constance. Elle débouche, à droite, sur la belle impasse Marie-Blanche. Au fond de cette ruelle, vous pourrez découvrir la surprenante maison construite par Joseph-Charles Guirard de Montarnal à la fin du XIXe s., pour Ernest Eymonaud, un antiquaire spécialisé dans les décors médiévaux. Ensuite, retournez sur vos pas et prenez à droite rue Cauchois. Au niveau du coude, ne manquez pas l'immeuble orné de *bow-windows* d'angle : c'est assez inhabituel à Paris... Continuez votre chemin pour rejoindre la rue Lepic et le *Café des 2 Moulins*.

⑱ Il est temps de rejoindre à nouveau le boulevard de Clichy en descendant la rue Lepic. Juste après le *Moulin Rouge* sur votre droite, plongez-vous dans l'ambiance calme et verdoyante de la cité Véron★ ! Pour repartir, rejoignez le boulevard : l'entrée du métro Blanche se trouve sur la gauche au niveau du terre-plein central.

★ Pour la petite histoire...

Boris Vian fit du 6 bis de la cité Véron son refuge en 1953. Un an plus tard, son ami Jacques Prévert s'installait au 2e étage. Ils partageaient leur terrasse, qui dominait le toit du *Moulin Rouge*...

Sur les hauteurs de Montmartre

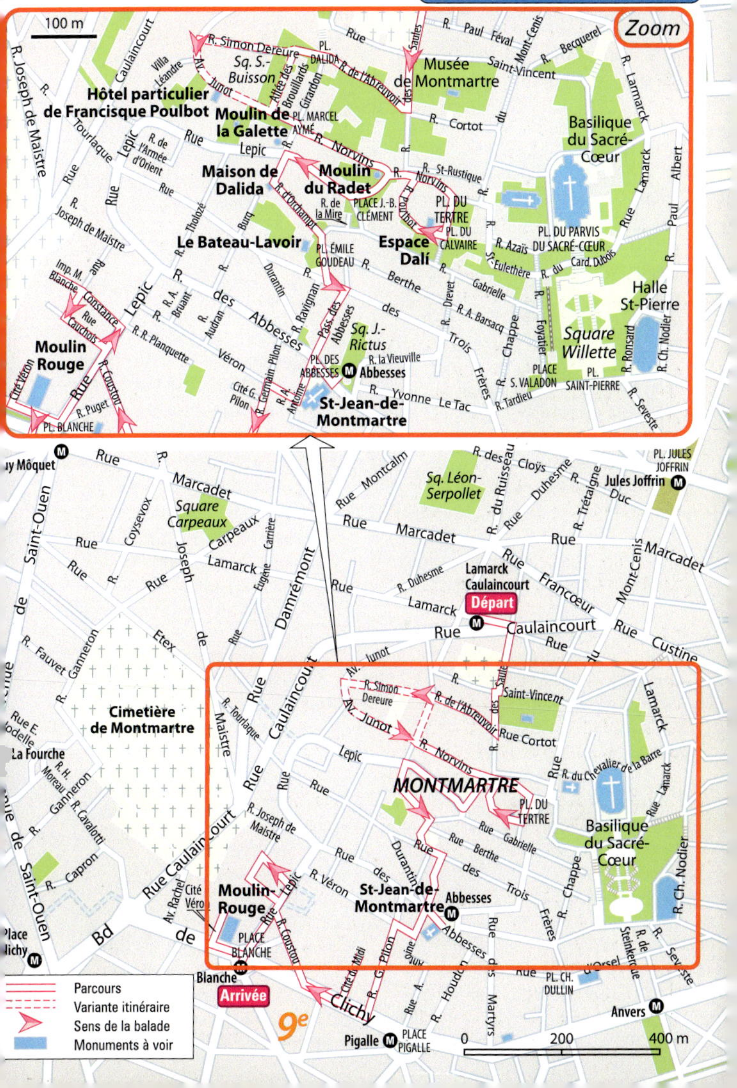

2 L'île Saint-Louis, LE CŒUR DE PARIS

Et dire que les Parisiens lui ont tourné le dos durant des siècles... Pourtant cette petite île taillée en forme de pointe, lovée entre deux bras de la Seine, peut se targuer d'offrir un superbe panorama sur la capitale ! Véritable concentré de la Ville Lumière, elle abrite d'innombrables trésors historiques et architecturaux dans ses façades et ses arrière-cours, à l'abri desquelles nombre de personnalités illustres, comme Baudelaire, Camille Claudel ou Georges Moustaki, ont choisi de s'installer.

Départ : sortie du métro Pont-Marie.

Durée : 1h-1h15 environ.
Voir plan p. 19.

1 La balade commence en enjambant le pont Marie, premier pont de pierre à relier l'île au reste de la capitale en 1630.

2 Une fois que vous avez traversé le pont, longez le quai de Bourbon. Au tout début du quai, cherchez la petite porte bleue toute de guingois*...

* Pour la petite histoire...

Il y avait à cette adresse une épicerie dont la devanture remontait à l'époque de Louis XV. En 1916, un antiquaire vraiment peu scrupuleux la démonta entièrement... et la revendit au Metropolitan Museum of Art de New York, où l'on peut encore l'admirer aujourd'hui !

3 En longeant les rues de l'île, vous allez rapidement vous rendre compte que, sur une grande partie des façades, des plaques commémoratives

« J'habite sur un pont »

Le pont Marie porte le nom de l'entrepreneur Christophe Marie. Cet homme s'engagea auprès de Louis XIII à construire deux ponts de pierre, à combler le canal entre l'île Notre-Dame et l'île aux Vaches, à tracer des rues et bâtir des maisons. En échange, il négocia l'exploitation de terrains sur l'île. La construction du pont Marie, avec ses cinq arches, prit 20 ans. Imaginez qu'à l'époque, il y avait ici deux rangées de 25 maisons ! Mais le 1er mars 1658, une crue du fleuve en arracha 20 et tua une soixantaine d'habitants. Les deux arches emportées furent reconstruites, mais pas les maisons. Elles furent toutes rasées 130 ans plus tard pour éviter tout nouveau drame.

rappellent que des personnalités ont vécu là. C'est par exemple le cas au n° 19 quai de Bourbon, où la sculptrice Camille Claudel habita quelque temps. Levez les yeux ! Et ne manquez pas, un peu plus loin, la petite statue d'angle presque entièrement détruite★... C'était saint Nicolas, le patron des mariniers qui veillait sur la Seine. En 1793, un révolutionnaire la brisa en deux.

★ Pour la petite histoire...

Quand on vous dit de bien lever les yeux... Avez-vous noté l'ancien nom de la rue Le Regrattier, sculpté juste sous la statue ? « Rue de la Femme-sans-Teste » : c'était l'enseigne d'un cabaret installé à quelques mètres de là il y a trois siècles !

4 Continuez vos pérégrinations sur le quai de Bourbon, vous allez atteindre la pointe de l'île. Au bout, aux nos 45 et 47, se dresse l'hôtel de François Le Vau. Avec son frère Louis, tous deux architectes, ils bâtirent une bonne partie des hôtels particuliers de cette île. De jolis écussons ornent d'ailleurs la façade.

Hôtel de François Le Vau

Dis-moi où tu habites, je te dirai qui tu es

Lors de l'aménagement de l'île, chacun prit sa place en fonction de sa classe sociale : les quais (et la vue dégagée) pour les parlementaires, les hauts fonctionnaires ou les conseillers du roi, et les rues pour les artisans, les marchands et les ouvriers. Sur les quais, on trouve aussi un certain nombre de nouveaux riches : les grandes familles préféraient, elles, rester dans le Marais !

5 Le quai de Bourbon se termine sur l'autre versant de l'île, puis il laisse place au quai d'Orléans. À cet endroit, la vue sur l'île de la Cité et Notre-Dame, avec le dôme du Panthéon en arrière-plan, est superbe. Quittez les quais pour emprunter la rue Boutarel et rejoindre la rue Saint-Louis-en-l'Île, l'artère commerçante. La plupart des boutiques ont d'ailleurs fait en sorte de conserver des devantures d'époque. Vous croiserez une ravissante boutique de jouets en bois, et au n° 61, l'enseigne *Aux Anysetiers du Roy* qui est classée au registre des monuments historiques★.

★ Pour la petite histoire...

En parlant de monuments... Hormis son église, l'île ne dispose d'aucun autre édifice « officiel », ni mairie, ni banque, ni poste, ni métro ! Pour autant, tout est classé : les moindres travaux entrepris sur l'île, même pour repeindre une porte, nécessitent une autorisation.

6 Plus loin, au n° 51 l'hôtel de Chenizot se fait remarquer grâce à sa décoration rocaille : chimères, satyre, végétaux et coquillages s'entrechoquent au-dessus de la porte cochère. À l'intérieur, l'arche du fond de la cour n'est pas plus discrète ! On en oublierait presque d'admirer le cadran solaire sur l'une des façades dans la cour...

7 Le n° 54 de la rue Saint-Louis-en-l'Île est aujourd'hui l'adresse d'un hôtel chic, qui a gardé une trace du passé à travers son nom : *Le jeu de paume*. L'ancêtre du tennis était un des jeux préférés des Parisiens, on dit même que

Hôtel de Chenizot

Rue Saint-Louis-en-l'Île

c'est le plus ancien sport pratiqué en Europe ! Un peu plus loin, après avoir traversé la rue des Deux-Ponts, ne manquez pas le célèbre glacier ***Berthillon*** sur la droite, dont les innombrables parfums et la qualité des glaces n'est plus à vanter ! Sa devanture est généralement cachée par une file importante de gourmands... C'est d'ailleurs l'endroit rêvé pour faire une petite pause dans ce parcours ! *(29-31, rue Saint-Louis-en-l'Île, 75004 - ☎ 01 43 54 31 61 Mer.-dim. 10h-20h, f. vac. scolaires de Paris sf Noël - 1 boule : 3 €, 2 boules : 5 €)*. Bien d'autres cafés de l'île vendent également les fameuses glaces, à vous de choisir si vous voulez éviter la file d'attente de la maison mère. Enfin, l'église Saint-Louis-en-l'Île★ se dresse quelques dizaines de mètres plus loin.

Fidèles cherchent église

La première église sur l'île fut construite en 1623. Mais près de 30 ans plus tard, il faut l'agrandir pour faire face à l'accroissement de la population... La seconde mouture ne se termine qu'en 1725, après des péripéties : l'ancienne toiture s'effondre sur des fidèles et le manque d'argent oblige à organiser une loterie pour récolter des fonds... À la Révolution, l'église Saint-Louis-en-l'Île est désaffectée. Elle devient un dépôt de livres jusqu'en 1798, date à laquelle un acquéreur l'achète pour la remettre discrètement entre les mains de son curé ! Ce dernier y exerce alors un culte semi-clandestin jusque début 1800, puis reprend ensuite un service « officiel ».

★ Pour la petite histoire...

Avez-vous noté ces ajours dans le clocher, qui se dresse à 30 m de haut ? Ils ont été percés pour éviter toute prise au vent, qui souffle parfois fort sur l'île !

8 Continuez votre chemin le long de la rue Saint-Louis-en-l'Île. Au bout, vous longerez l'arrière de l'hôtel Lambert : rejoignez son entrée sur le quai d'Anjou. Certains disent que l'hôtel Lambert est l'une des plus belles demeures de Paris. On ne le saura pas puisqu'il n'est pas ouvert au public... Tour à tour, Michèle Morgan puis le banquier Guy de Rotschild y vécurent. Un émir du Qatar en fit l'acquisition à la mort du banquier en 2007. Juste en face de l'hôtel Lambert, une plaque rappelle le niveau de la crue de 1910.

9 Au n° 7, le Syndicat des maîtres boulangers de Paris cache dans son entrée une jolie collection de vieux pétrins à laquelle vous pouvez jeter un œil ! Un peu plus loin, ne manquez pas ces gouttières de luxe...

10 Au n° 39, tentez de rejoindre le théâtre Paul-Rey : installé dans les anciennes remises à carrosses d'un hôtel particulier, il faut longer une allée verdoyante pour l'atteindre... si, en dehors des horaires d'ouverture, la porte cochère est toutefois ouverte. Au croisement avec la rue des Deux-Ponts, laissez le pont Marie derrière vous, et traversez l'île en direction du pont de la Tournelle. Sur votre chemin, vous croiserez une seconde fois le restaurant qui a repris le nom de l'île aux Vaches : vous l'avez peut-être déjà remarqué, une belle collection de bovins orne sa vitrine !

Deux îles en une

Lorsque l'île Saint-Louis était coupée en deux, le canal qui la traversait se trouvait à la place de la rue Poulletier, que vous allez croiser d'ici quelques pas. La petite portion qui se trouve dans votre dos était l'île aux Vaches, un vert pâturage. De l'autre côté, l'île Notre-Dame se montrait plus animée : on raconte que les duels se déroulaient ici au Moyen Âge, et que cette île était peuplée... de lutins !

11 Arrêtez-vous devant le n° 8 de la rue des Deux-Ponts : c'est l'adresse des bains-douches municipaux de l'île★.

★ Pour la petite histoire...

La Mairie de Paris a rendu les bains-douches gratuits en 2000. Auparavant, il fallait débourser 7,50 francs pour 20 min d'eau chaude. Avec la gratuité, la fréquentation des lieux a augmenté de 40 %. Les SDF mais aussi les personnes dont

Sainte Geneviève, priez pour nous !

Le pont de la Tournelle fut construit une première fois en 1656, sans maisons, à la différence du pont Marie. Celui que vous pouvez admirer aujourd'hui date de 1928. À l'époque, une chaîne était tendue entre une tour située sur l'île Notre-Dame, et une autre sur la rive d'en face, pour barrer le passage aux bateaux sur ce bras d'eau : les remparts de Paris passaient par ici. Aujourd'hui plus de tour, mais la statue de sainte Geneviève nous observe du haut de ses 15 m. Elle est la sainte patronne de Paris… mais aussi des gendarmes !

l'appartement n'est pas équipé de salle d'eau s'y retrouvent.

12 Au bout de la rue, le pont de la Tournelle★ s'étend jusqu'à la rive gauche. Avez-vous remarqué, à l'opposé, cette statue hissée tout en haut d'une colonne de pierre ?

★ Pour la petite histoire…

L'Administration mesure le niveau des crues au centre de Paris sur ce pont depuis 1719, on parle de « l'échelle du pont de la Tournelle ». Déjà en 1658, deux ans après sa construction, le pont

Pont de la Tournelle

fit face à la plus grande crue de son histoire (plus importante que celle de 1910 !) : le niveau de l'eau atteignit 8,81 m.

13 Empruntez maintenant le quai de Béthune. Le premier immeuble de cette rue, le n° 36, hébergea Marie Curie entre 1912 et 1934. À quelques mètres, ne manquez pas la vieille porte cochère et les fenêtres ornées de vitraux... puis poursuivez la balade jusqu'au n° 24 !

14 En atteignant le bout du quai, vous rejoignez le pont de Sully : traversez la voie pour terminer ce parcours dans le square Barye, situé tout au bout de l'île. N'hésitez pas à descendre au bord de l'eau pour profiter du calme des lieux !

Chez Helena et Georges

Au n° 24 du quai de Béthune se dressait, jusqu'en 1934, le magnifique hôtel Hesselin bâti par Louis Le Vau (encore lui). Mais Helena Rubinstein, créatrice des instituts de beauté, le fit détruire pour le remplacer par un « petit » 55-pièces à la décoration originale, avec un thème différent par pièce. Quant à la terrasse sur le toit, elle accueillit des soirées fastueuses et mémorables, paraît-il. Après sa mort, l'immeuble fut partagé en appartements : Georges Pompidou y vécut ses dernières années de président, et rendit son dernier soupir dans ces murs.

Square Barye, vu de la Seine

L'île Saint-Louis, le cœur de Paris
3e
5e
Hôtel de Ville
PL. DE L'HÔTEL DE VILLE
Rue de Rivoli
Rue de Lobau
Rue du Temple
Rue des Archives
Rue de la Verrerie
R. de Moussy
Rue du Bourg Tibourg
Rue Vieille du Temple
R. du Trésor
Rue des Écouffes
Rue du Roi de Sicile
R. Ferdinand Duval
Rue des Rosiers
Rue des Francs Bourgeois
Rue Pavée
Rue Payenne
Rue de Sévigné
Bibliothèque historique
R. de Jarente
R. d'Ormesson
R. Caron
R. St-Antoine
Pass. St-Paul
Saint-Paul
Saint-Paul-Saint-Louis
Rue François Miron
R. Tiron
R. G. l'Asnier
R. Louis Philippe
Rue des Barres
R. de Brosse
R. de Jouy
R. de Fourcy
R. du Prévôt
R. des Nonnains d'Hyères
R. du Figuier
Rue du Fauconnier
Rue Charlemagne
R. des Jardins Saint-Paul
R. de l'Avé Maria
Rue Saint-Paul
Rue Charles V
R. des Lions Saint-Paul
Quai de l'Hôtel de Ville
Sq. A. Schweitzer
Pont Marie
Départ
Hôtel de Sens
Quai des Célestins
Seine
R. des Ursins
R. des Chantres
Q. aux Fleurs
Hôtel de François Le Vau
PT LOUIS PHILIPPE
Q. de Bourbon
Appartement de Camille Claudel
PONT MARIE
Théâtre Paul Rey
Île de la Cité
Q. de l'Archevêché
PT ST-LOUIS
Rue Saint-Louis en l'Île
R. Boutarel
Rue Le Regrattier
R. des Deux Ponts
Hôtel de Chenizot
Île Saint-Louis
Rue Budé
Rue Poulletier
Quai d'Anjou
Quai d'Orléans
Bains-douches municipaux
Saint-Louis en l'île
Hôtel Lambert
R. de Bretonvilliers
Quai de Béthune
Bd Henri IV
PT DE SULLY
Arrivée
Square Barye
Sq. Henri Galli
Sully Morland
Quai Henri IV
R. A. d'Aubigné
PT DE L'ARCHEVÊCHÉ
PT DE LA TOURNELLE
Statue de Sainte Geneviève
Quai de la Tournelle
Rue des Bernardins
Rue de Pontoise
Rue de Poissy
Boulevard Saint-Germain
Rue du Cardinal Lemoine
Rue des Fossés Saint-Bernard
Rue des Écoles
Institut du monde arabe
Quai Saint-Bernard
Université Pierre et Marie Curie
0
100
200 m
Parcours
Sens de la balade
Monuments à voir

3 Le village DE PASSY

Difficile d'imaginer qu'un jour, le village de Passy fut un hameau de bûcherons ! Et pourtant, c'était le cas au XVᵉ s., quand les habitants travaillaient pour un château situé juste à côté. Aujourd'hui, nulle trace de rusticité : parc soigné, impasses privées, immeubles cossus et bien entretenus, population aisée... Mais une autre chose est sûre, Passy sait faire mentir ceux qui entretiennent la légende d'un 16ᵉ arrondissement ennuyeux, notamment avec des rues vivantes et des façades étonnantes, qui raviront les passionnés d'architecture.

Départ : sortie du métro Passy.

Durée : 1h30.

Voir plan p. 27.

1 Depuis le métro, descendez les escaliers et tournez à droite pour rejoindre la rue des Eaux, qui abrite le musée du Vin★. Vous le trouverez au fond de la rue qui forme une impasse à cette extrémité.

★ Pour la petite histoire...

Le très discret musée du Vin s'est installé dans un ancien chai, aménagé ainsi au XVᵉ s. par les moines de l'abbaye de Passy. Ils avaient trouvé la température de ces anciennes carrières parfaite pour leur réserve de vin !

2 Empruntez ensuite la rue Charles-Dickens qui forme un angle avec la rue des Eaux : elle vous permet de rejoindre le parc de Passy. Au passage, jetez un

La vogue des eaux de Passy

Avec cinq points de jaillissement d'eaux minérales, Paris était bien pourvue ! Découvertes au XVIIe s., ces eaux avaient la réputation de guérir l'anémie. Boileau, Lavoisier ou Franklin fréquentaient les thermes de Passy pour entretenir leur santé. Avec la multiplication des constructions dès la fin du XXe s., la source finit par se tarir. Il reste aujourd'hui une seule fontaine située dans le square Lamartine, qui continue d'attirer les adeptes de cette eau « ferrugineuse, vitriolique, tonique », comme on la décrivait à l'époque !

œil au n° 4 de la rue. Vous voyez ces plantes qui s'échappent du toit ? L'immeuble cache en son sommet un superbe jardin agrémenté de quelques rangées d'arbres et d'une fontaine... En fait, la rue Raynouard, à l'arrière de l'immeuble, se situe une vingtaine de mètres plus haut. Ses immeubles sont donc posés sur ceux du n° 4 rue Charles-Dickens, et les toits sont transformés en jardin pour offrir une vue plus agréable !

3 Traversez maintenant le parc de Passy, dernier vestige (complètement réagencé) d'un plus grand parc où se trouvaient les thermes de Passy. Puis ressortez à l'opposé. En haut de la rue d'Ankara, l'ambassade de Turquie a pris ses quartiers dans l'ancien hôtel de Lamballe★.

★ Pour la petite histoire...

L'ancien hôtel appartenait à l'origine à la princesse de Lamballe. Il devint en 1846 une « maison de santé pour aliénés », assidûment fréquentée par Gérard de Nerval et Guy de Maupassant (qui y mourut d'ailleurs en 1893). On raconte qu'il était possible de croiser par ici Gérard de Nerval promenant son hareng saur en laisse... L'histoire ne dit pas si le poisson était vivant, encore moins si l'anecdote est vraie !

4 Cachée à droite de l'hôtel de Lamballe, la rue Berton et ses pavés abritent la maison de Balzac, reconnaissable à ses volets verts. Plus haut, vous croiserez l'immeuble agrémenté d'une façade de verre des architectes Perret, les premiers à avoir utilisé le béton armé pour leurs structures (leur reconstruction du Havre est certainement leur travail le plus symbolique). Les frères Perret ont aussi beaucoup œuvré dans l'arrondissement, vous découvrirez certains de leurs immeubles sur votre chemin !

5 Les escaliers situés au bout de la rue Berton rejoignent la rue Raynouard. En haut des escaliers, sur la façade d'un des immeubles se trouvant en face de vous sur la gauche, vous devriez apercevoir un haut-relief... Il célèbre la pose du premier paratonnerre en France, sur la maison de son inventeur, Benjamin Franklin !

6 Tournez-lui le dos et remontez la rue Raynouard, vous allez repasser

Maison de Balzac

devant la maison de Balzac★ que vous pouvez même visiter si vous le souhaitez *(mar.-dim. 10h-18h).*

★ Pour la petite histoire...

Ce cher Honoré vécut dans cette jolie maison pourvue de deux entrées, de 1840 à 1847. Pour éviter les indésirables - en premier lieu ses créanciers -, il utilisait le pseudonyme de M. de Breugnol. Mais de peur que cela ne suffise pas, il exigeait un mot de passe pour pénétrer dans l'enceinte ! Et si jamais, malgré cela, l'indélicat atteignait la maison, Balzac pouvait toujours s'enfuir par la porte du bas...

7 Quittez la rue Raynouard pour la rue Chernoviz. Elle vous permet de rejoindre l'artère commerciale, la rue de Passy, qui était autrefois la Grande Rue du village de Passy avant son rattachement à Paris en 1860, date à laquelle la capitale passe de 12 à 20 arrondissements en absorbant les faubourgs. Sur votre droite, cette rue de Passy cache une petite impasse très sympathique... La trouverez-vous ?

8 À l'extrémité de la rue de Passy, le carrefour offre quelques beaux spécimens de rotondes sur les toitures.

9 Rejoignez la rue Benjamin-Franklin. Vous découvrirez au n° 8 la maison de Georges Clemenceau, transformée en musée. Plus loin, n'hésitez pas à faire un crochet dans l'avenue de Camoëns★ qui offre un très beau point de vue sur la tour Eiffel. En vous retournant, vous découvrirez un immeuble tout en *bow-windows*... Saurez-vous repérer l'appartement qui offre une « lumière traversante », autrement dit un beau panorama sur la tour Eiffel et sur le bois de Boulogne ?

★ Pour la petite histoire...

L'avenue de Camoëns est la plus petite avenue de la capitale !

10 Amateur d'immeubles surprenants, n'hésitez pas à pousser jusqu'au 25 bis de l'avenue Benjamin-Franklin, plus haut sur votre droite. Vous découvrirez l'objet d'un scandale retentissant !

Du béton ? Quelle horreur !

L'immeuble du 25 bis avenue Benjamin-Franklin, tout en béton, fut construit en 1903 par les frères Perret (dont vous avez croisé l'atelier d'architecture rue Berton). Ils osèrent laisser le « squelette » apparent, notamment les poteaux de béton, le reste étant recouvert de carreaux de grès. À l'époque, ce fut une sorte de révolution : tous les murs porteurs étant sur l'extérieur, les cloisons à l'intérieur pouvaient être disposées sans contrainte.

⑪ Revenez maintenant sur vos pas et bifurquez rue Scheffer. Plus loin, après avoir tourné à gauche dans la rue Vineuse, il est conseillé de marcher le nez en l'air pour apercevoir notamment une jolie petite terrasse : elle se trouvera dans votre dos après le coude !

⑫ La rue Vineuse vous ramène sur la place du Costa Rica. Piquez dans la rue suivante, juste sur votre droite : la suite du parcours se trouve rue de la Tour. Un hôtel tout en *bow-windows* et en mosaïque orangée a été construit ici en 1930 par une famille d'aristocrates considérant qu'il n'y avait aucun hôtel convenable à Passy. Les fréquentations du quartier ont bien changé !

⑬ À la première intersection, engouffrez-vous dans la rue Gavarni, qui devient rue Claude-Chahu au croisement suivant. Tout au bout, au n° 9, un très beau spécimen d'immeuble Art nouveau vous attend.

⑭ La rue Eugène-Manuel comporte bien d'autres immeubles aux façades originales, levez les yeux bien haut ! Au bout, partez à gauche sur l'avenue Paul-Doumer et, au bout de quelques mètres, plongez rue Vital, qui arbore là aussi un bel immeuble d'angle Art déco, où vous tournerez d'ailleurs pour rejoindre la rue Massenet.

⑮ La rue Massenet et ses petites maisons cossues parfaitement alignées vous emmèneront jusqu'à la rue de Passy, mais avant cela faites une pause au n° 5 : scrutez le hall d'entrée, il est typiquement Art déco ! Ensuite, traversez la rue de Passy pour rejoindre la

Rue Eugène-Manuel

Une architecture haussmannienne plus affriolante

Les premiers règlements d'architecture édités par le baron Haussmann sont stricts : les immeubles doivent être alignés, les balcons situés aux 2e et 5e étages, et la toiture inclinée à 45°. Mais l'argent vient à manquer et les projets de réaménagement des arrondissements extérieurs, comme le 16e, sont retardés. Entre temps, en 1893 puis en 1902, les normes s'assouplissent. Les *bow-windows* et les loggias, les saillies et les rotondes sur les toits apparaissent. Voilà pourquoi l'architecture de ce quartier est plus variée que dans les arrondissements centraux de la capitale...

rue Jean-Bologne. Le majestueux centre commercial *Passy Plaza* se dresse sur votre droite, on en oublierait presque de lever les yeux pour découvrir ce qui vient au-dessus de la verrière...

16 À deux pas de l'axe commerçant, l'église Notre-Dame de Grâce de Passy★ et sa petite place sont épargnées par le brouhaha alentour.

★ Pour la petite histoire...

« C'était, dans la nuit brune
Sur le clocher jauni,
La lune,
Comme un point sur un *i*. »
Ces vers, issus de la *Ballade à la lune* d'Alfred de Musset, lui ont été inspirés par le clocher de l'église Notre-Dame de Grâce de Passy.

17 Profitez de la sérénité des lieux pour vous offrir une petite pause sur cette charmante place : le salon de thé, ***Thé Cool,*** est l'endroit rêvé pour cela *(10, rue Jean-Bologne, 75016 ☎ 01 42 24 69 13 - Lun.-ven. 12h-18h, sam. 12h-19h - Pâtisseries : 7-8 €, thé : 7 €)*. Ensuite, poursuivez votre chemin sur la rue Jean-Bologne en passant devant l'église. Elle vous mènera droit sur la remuante rue de l'Annonciation.

18 En flânant devant les jolies boutiques de la rue piétonne, ne manquez pas la pâtisserie ***Aux Merveilleux de Fred,*** tout est préparé sous vos yeux ! *(29, rue de l'Annonciation, 75016 ☎ 01 45 20 13 82 Mar.-sam. 7h30-20h, dim. 7h30-19h Gâteaux : 3,30 €, brioches : 3,60 €)*. Enfin, au bout de la rue de l'Annonciation, vous atteignez bientôt la fin de cette promenade : longez le marché de Passy *(mar.-ven. 8h-13h et 16h-19h, sam. 8h-13h et 15h30-19h, dim. 8h-13h)* qui se trouve sur la gauche en empruntant la rue Bois-le-Vent★ (un joli marché couvert, n'hésitez pas à le traverser !). La façade du n° 24 devrait attirer votre regard...

★ Pour la petite histoire...

En parlant de vent... la première ascension en ballon partit de la Muette en 1783 ! Pilâtre de Rozier, cet homme au doux nom d'aventurier du 16ᵉ arrondissement, acheva son vol à l'autre bout de Paris, sur la Butte aux Cailles.

19 Rejoignez ensuite la chaussée de la Muette en tournant à droite rue de Boulainvilliers. Vous voici arrivé à destination ! Jetez un œil à l'ancienne gare de la Muette, à l'autre bout de la place : transformée en bar-restaurant chic, l'aménagement a été fait de telle sorte que l'ambiance de voyage reste présente. Pour un repos bien mérité, un joli jardin se cache à l'arrière de la gare !

La vache !

Au XIXᵉ s., Paris comptait près de 500 étables ! On les appelait les « vacheries », et les habitants venaient directement y acheter leur lait. Alors que les siècles précédents, seuls les enfants et les malades buvaient du lait, les vacheries se multiplient avec le succès du café au lait, si branché ! Le 16ᵉ arrondissement en comptait une trentaine, dont neuf dans le quartier de la Muette. Mais la mise au point du lait U.H.T. dans les années 1950 entraîne la fermeture de ces petites fermes de quartier.

Ancienne gare de la Muette

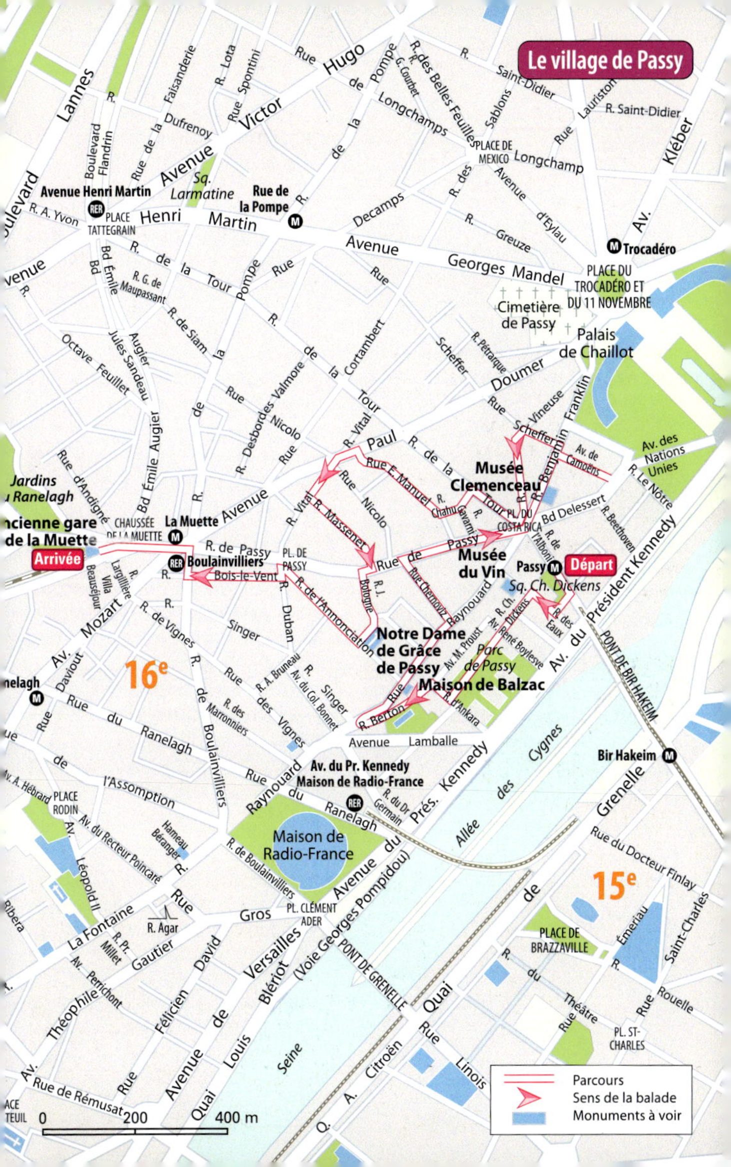
Le village de Passy
Départ
Arrivée
Parcours
Sens de la balade
Monuments à voir
0
200
400 m
16e
15e
Musée Clemenceau
Musée du Vin
Notre Dame de Grâce de Passy
Maison de Balzac
Parc de Passy
Sq. Ch. Dickens
Passy
Ancienne gare de la Muette
Jardins du Ranelagh
La Muette
Boulainvilliers
Maison de Radio-France
Av. du Pr. Kennedy Maison de Radio-France
Cimetière de Passy
Palais de Chaillot
PLACE DU TROCADÉRO ET DU 11 NOVEMBRE
Trocadéro
PLACE DE MEXICO
Rue de la Pompe
Avenue Henri Martin
PLACE TATTEGRAIN
Sq. Larmatine
Avenue Victor Hugo
Avenue Georges Mandel
Avenue Paul Doumer
Rue de Passy
PL. DE PASSY
R. de Boulainvilliers
Rue Raynouard
Rue Berton
Av. du Président Kennedy
PONT DE BIR HAKEIM
Bir Hakeim
Allée des Cygnes
Seine
PONT DE GRENELLE
Quai de Grenelle
Avenue du Président Kennedy
Av. des Nations Unies
Bd Delessert
R. Benjamin Franklin
PL. DU COSTA RICA
Rue de l'Annonciation
R. Vital
R. Massenet
Rue Nicolo
R. de la Tour
Rue du Ranelagh
PLACE RODIN
PL. CLÉMENT ADER
Avenue de Versailles
Quai Louis Blériot
PLACE DE BRAZZAVILLE
Rue du Théâtre
Rue du Docteur Finlay
PL. ST-CHARLES
Rue Saint-Charles
Rue Linois
Quai A. Citroën
Rue de Rémusat
Avenue Mozart
Rue de la Fontaine
Avenue de Lamballe
Avenue Kléber
R. Saint-Didier
Rue Lauriston

4 Entre Saint-Michel ET LE QUARTIER LATIN

Vous voilà dans le Q.G. des étudiants ! Le nombre de bâtiments dédiés au savoir sous toutes ses formes est de loin le plus élevé au kilomètre carré de toute la capitale. C'en est prégnant : plus de 20 % des noms de rue ont une origine ecclésiastique (la théologie était l'unique enseignement lors de la création des premiers collèges), et presque autant sont attribués à des savants du XIXe s. Sur votre passage, vous croiserez la Sorbonne, le Collège de France et une multitude d'établissements prestigieux, comme Saint-Louis, Louis-le-Grand... sans oublier de nombreuses librairies.

Départ : sortie du RER B Luxembourg, boulevard Saint-Michel.

Durée : 1h20 environ.
Voir plan p. 35.

❶ La sortie du RER Luxembourg vous fait émerger le long du jardin du même nom. Laissez-le sur votre gauche et descendez le boulevard Saint-Michel pour rejoindre le véritable point de départ de cette promenade : la place de la Sorbonne. Pour la trouver, traversez le carrefour qui dévoile au loin l'édifice du Panthéon, restez sur le boulevard Saint-Michel, trottoir de droite, puis laissez passer deux pâtés d'immeubles haussmanniens. Une jolie place arborée se dévoilera alors.

❷ Rejoignez la chapelle de la Sorbonne de l'autre côté de la place, puis tournez à droite dans

Une place symbolique

Voici LE centre névralgique des batailles étudiantes ! On relie souvent la Sorbonne aux émeutes de mai 1968, mais son histoire commence bien avant, en 1257, lorsque Robert de Sorbon, chapelain de Saint-Louis, accueille une quinzaine d'étudiants en théologie. L'adresse devient rapidement le siège de la faculté de théologie de Paris, qui pendant des siècles étend son rayonnement. Une influence morale toujours ancrée : les étudiants de mai 1968 (ou ceux de 2006 lors de la lutte contre le contrat première embauche) ne s'y sont pas trompés en y installant leur quartier général !

la rue Victor-Cousin. Remontez ensuite la rue Cujas, puis tournez dans la rue Saint-Jacques pour rejoindre l'artère principale qui mène au Panthéon : la rue Soufflot. Gravissez-la. Vous voici au cœur du Quartier latin★.

★ Pour la petite histoire...

Avez-vous une idée de l'origine du nom « Quartier latin » ? Cela provient simplement du fait qu'à l'époque des collèges, le latin était la langue commune à tous les enseignements !

3 À gauche de l'entrée du Panthéon, la superbe façade de la bibliothèque Sainte-Geneviève égrène 810 noms d'auteurs et de savants qui ont marqué toutes les époques, jusqu'en 1848, date de la réalisation de cette façade.

Bibliothèque Sainte-Geneviève, place du Panthéon

Rue de la Montagne-Sainte-Geneviève

4 Longez la bibliothèque, puis rejoignez la rue de la Montagne-Sainte-Geneviève, qui file à gauche de la ravissante église Saint-Étienne-du-Mont. Ensuite, bifurquez dès que vous croisez la rue Laplace. Vous allez emprunter un dédale de rues où les immeubles ventrus côtoient des devantures de boutique d'un autre temps...

5 Continuez à dévaler la colline en empruntant la rue Valette, puis prenez la rue de Lanneau.

Une montagne d'enseignements

Les premiers enseignants s'installèrent sur la montagne Sainte-Geneviève en raison du prix exorbitant des licences d'enseignements que seul le chancelier de l'école canoniale de Notre-Dame était habilité à distribuer. Avec leurs élèves, ils traversèrent la Seine et s'établirent dans ce quartier encore recouvert de vignes. Une grave crise s'en suivit. Pour y mettre fin, Philippe Auguste reconnut l'ensemble des établissements en 1200 : l'Université parisienne était née. Au XVIe s., la colline est complètement colonisée par près de 40 000 étudiants et 65 collèges.

Au bout, suivez la pente pour rejoindre la rue des Écoles. Vous passerez ensuite devant le Collège de France, qui a été construit en lieu et place d'anciens thermes romains. N'hésitez pas à faire un crochet par la cour du Collège, où trône en son centre un Champollion bien concentré...

6 Continuez à suivre la rue des Écoles qui passe devant l'une des nombreuses façades de l'imposante Sorbonne. Un petit square se trouve juste en face : vous allez le traverser, mais auparavant touchez le pied de Montaigne*.

* Pour la petite histoire...

Devant le square Paul-Painlevé, Montaigne trône, pensif, bras et jambes croisés. La première statue était en pierre mais devant les assauts répétés des étudiants, la Ville la remplaça en 1989 par un modèle en bronze, plus résistant ! Il est né de ce changement une coutume : celle de caresser le pied droit de l'homme pour s'assurer réussite et bonheur...

Statue en bronze de Montaigne

7 Le square dispose d'un nombre important de statues pour une si petite surface. Partez à leur découverte puis quittez-les pour un autre espace vert, celui du musée du Moyen Âge, dont la grille est tout à fait à droite du bâtiment historique.

8 Contournez le jardin médiéval pour rejoindre la partie ouverte

Des thermes parfaitement préservés

Le musée du Moyen Âge renferme notamment les thermes de Cluny, d'exceptionnels vestiges gallo-romains. Ces bains ont une taille imposante : 100 m de long et 65 m de large. S'ils sont si bien préservés, c'est grâce à la remise en service des thermes au XIVe s., une période où les croisés rentrent d'Orient et reprennent les coutumes de ces peuples lointains. Le site devient ensuite un jardin suspendu, puis la cave d'un tonnelier entre le XVIe et le XIXe s., avant d'être racheté et restauré par la Ville.

au public, plus loin sur la gauche, sur le boulevard Saint-Germain. À cet endroit, les visiteurs du musée de Cluny ont la chance d'admirer un petit jardin aménagé selon les principes établis par Charlemagne : fruits, fleurs et légumes à foison, un jardin doit ressembler au paradis, disait-il ! Rejoignez l'aire de jeux, puis sortez à l'autre extrémité, par le portail qui se situe au croisement des boulevards Saint-Michel et Saint-Germain. Traversez le boulevard Saint-Germain pour rejoindre, en face, la rue de la Harpe. Vous êtes maintenant au pied de la « montagne » Sainte-Geneviève, en plein dans le quartier Saint-Michel. Tournez rue de la Parcheminerie, où un libraire anglophone possède depuis 1989, une adorable boutique, *The Abbey Bookshop*.

Église Saint-Séverin

9 Il est temps de rejoindre l'église Saint-Séverin sur la gauche. Ce joyau de l'architecture gothique mérite un détour à l'intérieur, mais avant, jetez un œil sur la cour derrière la grille★, à droite de l'entrée...

★ Pour la petite histoire...

Cette cour est un charnier, le dernier existant à Paris ! Il reste aujourd'hui dix arcades, chacune correspondant à la place de la dépouille d'un notable. Les ossements des pauvres étaient entassés dans les combles des galeries, d'où l'odeur se propageait notamment dans les logements des prêtres de la paroisse qui ne semblaient pas en être incommodés !

10 Contournez ensuite l'église, dont la façade côté rue Saint-Séverin est un festival de gargouilles. Sur votre gauche, avez-vous remarqué cette petite porte au nº 4 bis ? Elle masque l'entrée de l'étroite impasse Éliane-Drivon. Voici un exemple concret de la largeur des rues au Moyen Âge...

11 Traversez ensuite la rue Saint-Jacques pour découvrir une autre église au tout début de la rue Galande : il s'agit de Saint-Julien-le-Pauvre.

⓬ Pénétrez dans le square René-Viviani, où un vieil arbre mal en point accueille les visiteurs. Il s'agit d'un robinier, une sorte d'acacia planté en 1601 : ce serait le plus ancien de tous les arbres parisiens ! Derrière l'église, un puits du XIIe s. résiste au temps, comme ces quelques vieilles pierres disséminées, vestiges de Notre-Dame avant sa restauration entamée en 1845 par Viollet-le-Duc.

⓭ En sortant du square par le portail opposé à celui que vous avez emprunté pour entrer, rejoignez la rue de la Bûcherie située en face sur votre gauche.

Robinier du square René-Viviani

Elle vous mènera sur une jolie placette, puis vous prendrez la rue Frédéric-Sauton à droite. Il y a peu encore, éditeurs et libraires se concentraient ici : c'était une spécialité du quartier. Vous croiserez encore quelques vitrines, mais elles deviennent de plus en plus rares.

De Rome à Byzance

L'église Saint-Julien-le-Pauvre est la première église affectée au rite grec melkite en 1889. Comme de nombreux bâtiments religieux, elle fut fermée durant la Révolution et devint un grenier à sel. En bas à droite de la façade, au sol, avez-vous repéré cette pierre proéminente ? C'est une dalle qui provient de l'ancienne voie romaine reliant Lutèce à Aurelianum, l'ancien nom romain d'Orléans !

⓮ Rejoignez maintenant la rue Lagrange à droite : les immeubles de cette rue valent le détour, levez les yeux pour apercevoir mosaïques et vérandas. La rue Galande★ va se présenter rapidement sur la gauche, ne la ratez pas.

★ Pour la petite histoire...

Au 52 rue Galande, le *Caveau des Oubliettes* abrite un sous-sol historique : il était occupé par de véritables oubliettes sous la Révolution. On y lit encore des graffitis de condamnés suppliciés au Moyen Âge. Une authentique guillotine datant de 1793 se trouve même dans le caveau !

15 À l'endroit même où se trouve le *Studio Galande* au n° 42, avez-vous remarqué ce curieux bas-relief en pierre ? C'est une scène représentant saint Julien qui, ayant tué accidentellement père et mère, décida de faire pénitence en devenant passeur sur la Seine. Il gagna son statut de saint en acceptant de faire traverser un ange ayant pris l'apparence d'un lépreux, à qui il offrit même son lit...

16 Descendez la rue du Petit-Pont en direction de la Seine. Ne manquez pas la superbe façade de mosaïques du bar *Polly Maggoo*, puis bifurquez à gauche dans la célèbre rue de la Huchette. Plus grand-chose n'est typique ici, sauf le *Caveau de la Huchette*, célèbre club de jazz et, plus loin, le théâtre du même nom, qui joue les pièces d'Eugène Ionesco depuis plus de 50 ans. Entre les deux, une ruelle, sur la droite, porte un drôle de nom : c'est la rue du Chat-qui-Pêche, l'une des plus étroites de la capitale.

17 La rue de la Huchette débouche sur la place Saint-Michel, dont le carrefour a été soigneusement recouvert de goudron pour empêcher tout débordement estudiantin à coups de pavés... Les forces de l'ordre ont tiré des leçons de mai 1968 ! En traversant la place, vous passerez devant l'imposante fontaine représentant saint Michel terrassant le dragon. Cette fontaine devait habiller la façade aveugle de l'immeuble, mais le résultat fut accueilli froidement par les habitants. Pourtant, l'œuvre est toujours là depuis 1860.

18 La promenade se termine à droite de la place Saint-Michel : à quelques mètres de la fontaine, une jolie place entourée de cafés en terrasse vous tend les bras, comme **La Gentilhommière** *(15, place Saint-André-des-Arts, 75005 ☎ 01 43 25 69 77 – T.l.j. 8h-minuit Café : 2,60 €, soda : 4,80 €).*

Fontaine Saint-Michel

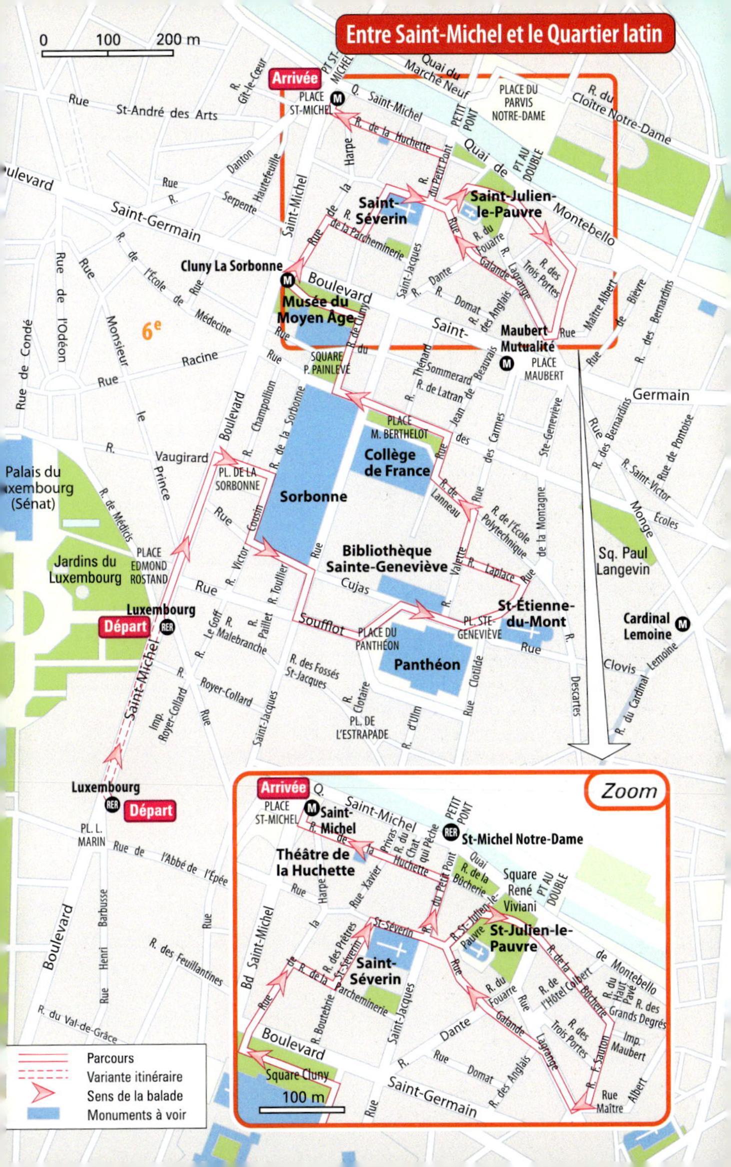
Entre Saint-Michel et le Quartier latin
0 100 200 m
Arrivée
Départ
Place St-Michel
Cluny La Sorbonne
Musée du Moyen Âge
Saint-Séverin
Saint-Julien-le-Pauvre
Maubert Mutualité
Place Maubert
Place du Parvis Notre-Dame
Square P. Painlevé
Place M. Berthelot
Collège de France
Sorbonne
Pl. de la Sorbonne
Bibliothèque Sainte-Geneviève
St-Étienne-du-Mont
Pl. Ste-Geneviève
Place du Panthéon
Panthéon
Pl. de l'Estrapade
Palais du Luxembourg (Sénat)
Jardins du Luxembourg
Place Edmond Rostand
Luxembourg
Pl. L. Marin
Sq. Paul Langevin
Cardinal Lemoine
6e
Zoom
St-Michel Notre-Dame
Théâtre de la Huchette
Square René Viviani
St-Julien-le-Pauvre
Saint-Séverin
Square Cluny
100 m
Parcours
Variante itinéraire
Sens de la balade
Monuments à voir

5 La Nouvelle ATHÈNES

Situé entre Montmartre, Opéra et les Grands Boulevards, le quartier de la Nouvelle Athènes est un endroit peu connu de Paris, voire des Parisiens. Pourtant, ses nombreuses rues, placettes, squares et immeubles en font un endroit plein de charme où il fait bon flâner. Il s'agit toutefois de rester vigilant et de lever les yeux pour ne pas manquer les belles façades néoclassiques construites aux XVIIIe et XIXe s., en opposition au style haussmannien de la capitale.

Départ : métro Notre-Dame-de-Lorette, sortie rue Bourdaloue - Église Notre-Dame-de-Lorette.

Durée : 1h15-1h30 environ. Voir plan p. 43.

1 Cette promenade démarre et se termine par une église... La première est l'église Notre-Dame-de-Lorette★. Imposante avec ses quatre colonnes et son style néoclassique quelque peu austère, elle mérite un détour à l'intérieur afin de découvrir un décor coloré et tout en relief. Outre les magnifiques plafonds, huit grandes peintures, autour de la nef, racontent la vie de la Vierge.

★ Pour la petite histoire...

Le quartier était investi par des femmes que l'on appelait des « lorettes » à cause du nom de l'église. Ces femmes aux mœurs plutôt légères s'immisçaient dans les cercles aristocratiques et intellectuels afin de séduire les

Église Notre-Dame-de-Lorette

bons partis. Si elles élurent domicile dans le quartier, c'était bien sûr pour se trouver au plus près des habitations de ces messieurs !

2 Une fois ressorti de l'église, empruntez la rue Bourdaloue située du côté de la bouche de métro. Contournez l'église jusqu'à son chœur, puis rejoignez le carrefour en continuant sur la droite rue Saint-Lazare. Choisissez alors la rue des Martyrs : il s'agit de la rue la plus commerçante du quartier !

3 La rue des Martyrs a conservé de nombreuses boutiques d'alimentation à la présentation un peu désuète et pleine de charme. Plus haut, lorsque la rue Manuel (encore pavée) se présente sur la droite, bifurquez. Il reste dans ce quartier des devantures de boutiques en bois d'une autre époque, malheureusement fermées pour la plupart.

4 Remontez ensuite la rue Milton et engouffrez-vous rue de l'Agent-Bailly, reconnaissable à ses fresques sur les façades des premiers immeubles.

5 Vous l'avez peut-être déjà remarqué, l'atmosphère n'est plus vraiment la même que dans le reste de Paris... Les façades haussmanniennes se font

« Nouvelle Athènes », quel drôle de nom !

Jusqu'à la fin du XVIIIe s., le mur des Fermiers généraux, long de 24 km et construit pour lutter contre l'évasion fiscale, marquait les contours de Paris. Sa destruction permit la création de nouveaux quartiers, comme celui de la Nouvelle Athènes entre 1820 et 1850. Conçu pour les élites de l'âge romantique, il est composé de nombreux hôtels particuliers aux façades travaillées, dont certaines s'inspirent de la Grèce antique. Car en 1821, la Grèce est en pleine guerre d'indépendance et la « grécomanie » bat son plein en France... On donne donc tout naturellement ce nom à ce quartier.

plus rares, les volets et les plantes vertes aux fenêtres font même flotter dans l'air un léger esprit de village. C'est l'atmosphère de la Nouvelle Athènes !

6 Lorsque vous rejoignez la rue Rodier, avant de filer à gauche, arrêtez-vous au n° 18 : voici un bel exemple des façades réalisées à l'époque de la construction du quartier !

7 Remontez maintenant la rue Rodier, puis tournez à gauche rue de la Tour-d'Auvergne, pour presque aussitôt plonger rue Milton quelques mètres plus loin sur votre gauche. Au croisement suivant, rejoignez la cité Charles-Godon reconnaissable aux quatre larges portes, certainement celles d'anciennes écuries, qui ornent un pan de mur un peu plus haut à droite.

8 Au bout, c'est la rue de la Tour-d'Auvergne qui vous accueille à nouveau : partez à gauche pour retrouver la rue des Martyrs. Lorsque vous avez rejoint la rue commerçante, jetez un œil à droite : vous l'avez peut-être déjà aperçu en amont, le Sacré-Cœur pointe le bout de son clocher au loin ! Descendez la rue des Martyrs, et ne manquez pas, sur la droite, un superbe immeuble qui semble avoir toujours abrité une boulangerie. L'actuelle boutique profite ainsi de gravures sur la façade correspondant exactement à son corps de métier, ce qui est

Rue des Martyrs

plutôt rare ! Au croisement suivant, continuez votre chemin rue Clauzel.

9 Le n° 7 ter de la rue Clauzel, avec sa façade Renaissance, son *bow-window* et ses sculptures, ne devrait pas manquer d'attirer votre regard. Le bas-relief situé au niveau de la porte d'entrée réinterprète le caducée d'Hermès, un symbole de la médecine qui nous vient de l'époque de la Grèce antique. Pas étonnant, le propriétaire, qui fit construire cet hôtel à la fin du XIXe s., était chirurgien.

10 Plus loin, une petite plaque dévoile l'histoire du n° 14 : c'était la *Boutique du père Tanguy*★, vendeur de matériel de peinture. Elle a ensuite été tranformée en une galerie d'exposition.

★ Pour la petite histoire...

Immortalisé par Van Gogh dans un célèbre portrait, le père Tanguy avait une clientèle peu fortunée. Aussi, il proposait souvent aux artistes, en échange des fournitures, de lui laisser des toiles qu'il essayait ensuite de vendre. Monet fut l'un de ses clients : « Sa boutique était tout à fait minuscule et sa vitrine si petite qu'on ne pouvait y montrer qu'un tableau à la fois. [...] Le lundi, Sisley, le mardi, Renoir, le mercredi, Pissarro, moi le jeudi, le vendredi, Bazille, et le samedi, Jongkind. »

Les fontaines Wallace, l'un des tout premiers mobiliers urbains

Ces fontaines ont commencé à être disséminées dans la ville à partir de 1872 grâce au philanthrope anglais Richard Wallace. À cette époque, les ravages de la Commune ont laissé des traces : de nombreux aqueducs sont détruits et l'eau est hors de prix. Les plus pauvres se rabattent sur une boisson moins chère et plus accessible : le vin ! Heureusement, ces « brasseries des quatre femmes » fleurissent très rapidement et offrent une source d'eau gratuite. Aujourd'hui encore, plus d'une centaine de ces petits monuments distribuent leur eau dans Paris.

11 La rue Clauzel débouche sur la jolie place Gustave-Toudouze, ornée d'une des nombreuses fontaines Wallace que l'on trouve un peu partout dans la capitale.

12 Même si les cafés de cette place sont très tentants, essayez de vous retenir : on vous emmène dans un petit coin de paradis situé à quelques pâtés d'immeubles de là ! Pour le trouver, descendez la rue Henry-Monnier, puis tournez à droite rue Notre-Dame-de-Lorette. N'oubliez jamais de lever les yeux pour admirer les façades, il y a ici des exemples d'architecture néoclassique absolument incroyables ! Parmi tant d'autres, ne manquez pas les n°s 41, 49, 52, 54... et restez dans cette rue jusqu'au prochain carrefour.

13 Ce n'est pas la rue Pierre-Fontaine★ que vous emprunterez mais sa voisine de gauche, la rue Chaptal. Encore une fois, l'immeuble situé aux n°s 5 et 7 devrait, lui aussi, attirer votre regard...

★ Pour la petite histoire...

La rue Pierre-Fontaine connut quelques remous un soir de 1928...

Un homme en furie se mit à tirer sur tout ce qui se trouvait à sa portée ! Cet homme, c'était le grand jazzman Sidney Bechet : beaucoup plus colérique que ne le laissait entendre sa musique, il explosa alors qu'il jouait au club *Chez Florence*. Heureusement, personne ne fut touché ! Et Bechet, bien qu'il fût défendu par Aragon, se vit condamné à 11 mois de prison avant d'être expulsé de France.

14 Enfin, en face de la rue Henner, pénétrez dans ce paradis promis : il s'agit du musée de la Vie romantique *(16, rue Chaptal, 75009 - ☎ 01 55 31 95 67 Mar.-dim. 10h-18h - Accès gratuit aux expositions permanentes)*. Un salon de thé, ***Un thé dans le jardin,*** situé à droite du musée, dans un enclos parsemé de roses et de seringas, vous tend les bras pour une pause au milieu de la verdure ! *(Mar.-dim. 10h-17h30)*.

Comme transporté hors de la ville

Le musée de la Vie romantique est situé dans l'hôtel Scheffer-Renan, du nom d'un peintre hollandais, Ary Scheffer, qui s'y installa en 1830. Il était le portraitiste attitré de la monarchie de Juillet. Le quartier était prisé des milieux intellectuels et artistiques de l'époque. Delacroix, Géricault, George Sand ou Liszt s'y retrouvaient et profitaient de l'atelier que Scheffer avait aménagé pour accueillir ses amis artistes. D'ailleurs, outre des œuvres du propriétaire de l'époque, le musée présente une collection des effets de George Sand et des travaux de Delacroix.

Musée de la Vie romantique

15 Une fois arraché à ce petit coin de verdure, repartez tout droit rue Henner, puis continuez la promenade en tournant à gauche dans la rue La Bruyère. Les belles

pierres vous attendent encore et toujours... levez les yeux, notamment aux nos 41, 39 et 21 !

16 Lorsque la rue La Bruyère rejoint la rue Notre-Dame-de-Lorette, le square Alex-Biscarre se dévoile sur la droite. En faisant le tour sur son unique chemin, vous pourrez admirer la façade de l'hôtel Thiers, du nom de l'homme d'État Adolphe Thiers qui fut élu président de la République en 1871. Ressortez du parc pour rejoindre la place Saint-Georges et ainsi admirer l'autre façade de l'hôtel où se trouvent plus d'explications, données par la Ville de Paris sur un panneau brun.

17 Au n° 28, l'hôtel de Païva arbore une façade ornée de sculptures dont l'ensemble forme un style troubadour très peu répandu dans la capitale. Au centre de la place, la fontaine, qui servait lors de sa construction en 1903 à abreuver les chevaux, fait aujourd'hui office de rond-point.

18 Continuez votre chemin en empruntant la rue Saint-Georges, où se trouve le théâtre du même nom. Bifurquez dès que la rue d'Aumale se présente. Voilà encore une rue riche en jolies façades !

19 Préférez-lui ensuite la rue Taitbout, laquelle vous réserve la découverte d'une jolie cour intérieure au niveau du n° 80. Il s'agit du square d'Orléans : même si une barrière semble en interdir l'accès, il est tout à fait possible de le visiter, n'hésitez donc pas à la franchir.

20 Au prochain croisement, tournez à droite dans la rue Saint-Lazare, puis remontez ensuite la rue de La Rochefoucauld. Cette dernière vous mènera au musée Gustave-Moreau★, au n° 14.

Un charme tout britannique

L'architecte anglais qui aménagea le square d'Orléans en 1830 reprit les standards britanniques : comme dans les cours londoniennes, il disposa quatre corps de bâtiment autour d'une fontaine. L'élégance du lieu attira notamment Alexandre Dumas, George Sand et Frédéric Chopin. D'ailleurs, à la suite d'un bal costumé organisé par le roi Louis-Philippe au palais des Tuileries, où il n'avait invité aucun artiste, Alexandre Dumas organisa une riposte qui restera comme la plus grande fête du square d'Orléans : le Tout-Paris culturel fut convié pour célébrer le Mardi gras. 300 convives étaient attendus, il y en eut finalement... 700 ! La fête, qui envahit l'ensemble des cours, dura toute la nuit et se termina par un défilé jusqu'aux Grands Boulevards.

★ Pour la petite histoire...

Le peintre Gustave Moreau lui-même est à l'origine de son musée. Créé de son vivant dans la maison où il vécut avec ses parents, il le conçut afin d'empêcher que ses œuvres ne soient éparpillées et finissent par se perdre. Celui qui apparaît comme un maître aujourd'hui était pourtant méconnu à son époque. Si bien qu'il fallut attendre quatre ans avant que l'État ne se décide à accepter son don et à laisser le musée tel quel...

21 Revenez sur vos pas pour rejoindre la rue de la Tour-des-Dames. Dès le début de la rue, les hôtels particuliers se succèdent ainsi que les « folies » aux n°s 2 et 4, ces maisons bourgeoises typiques du XIXe s. qu'aimaient à se faire construire les artistes et les familles aisées.

Au bout, c'est la rue Blanche qui pointe son nez. Une rue qui doit son nom au passage répété des véhicules chargés du plâtre extrait des carrières de Montmartre... Tournez à gauche et rejoignez le point final de cette balade : l'église de la Trinité.

22 Élégante et imposante, cette église au style néo-Renaissance construite entre 1861 et 1867 a été érigée en hauteur afin de s'offrir à la vue de tous. À l'intérieur, le chœur en surplomb est inhabituel, tout comme les rampes latérales de l'extérieur qui permettaient aux seigneurs en carrosse de s'approcher le plus près possible.

23 Vous êtes arrivé à la fin de cette balade ! Vous trouverez la station de métro Trinité-d'Estienne d'Orves du côté de la rue Saint-Lazare.

Clocher de l'église de la Trinité

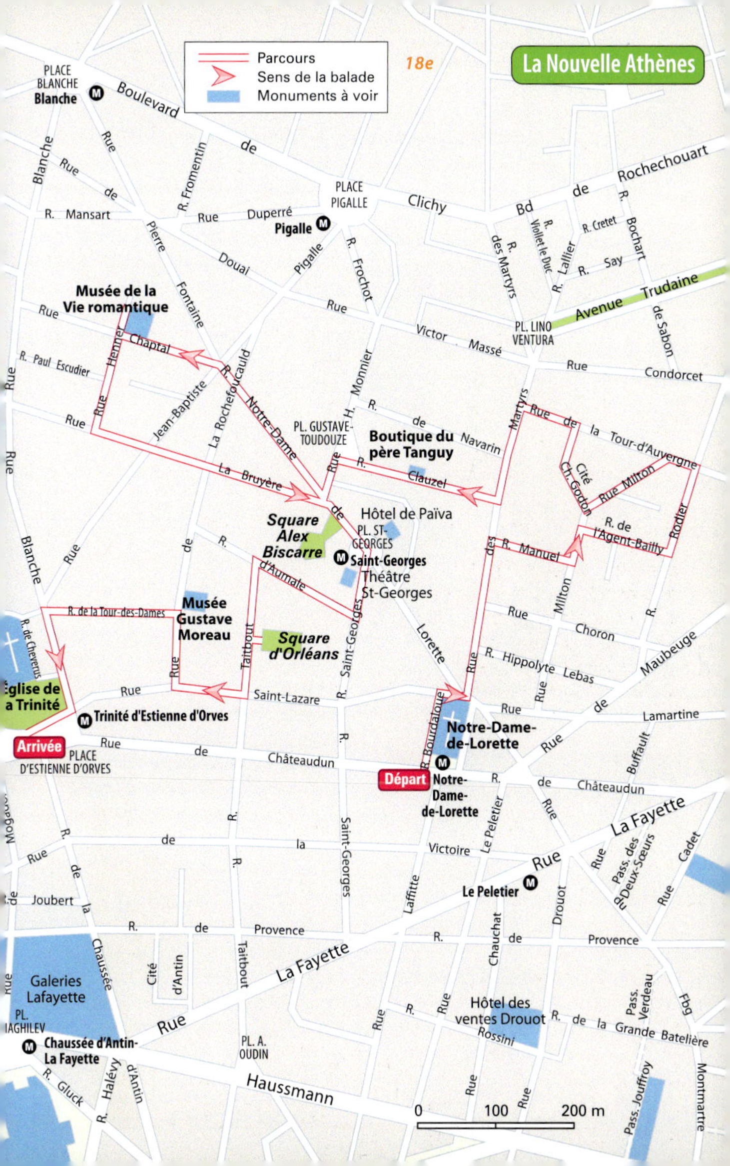
La Nouvelle Athènes
Parcours
Sens de la balade
Monuments à voir
18e
PLACE BLANCHE
Blanche
Boulevard de Clichy
Bd de Rochechouart
PLACE PIGALLE
Pigalle
Rue Duperré
Rue de Douai
R. Mansart
Rue Blanche
Rue Pierre Fontaine
R. Fromentin
R. Frochot
Rue Pigalle
R. des Martyrs
R. Viollet le Duc
R. Lallier
R. Cretet
R. Say
R. Bochart
Avenue Trudaine
PL. LINO VENTURA
Rue Victor Massé
Rue de Sabon
Rue Condorcet
Musée de la Vie romantique
Rue Chaptal
R. Henner
R. Paul Escudier
Rue Jean-Baptiste
Rue La Bruyère
R. La Rochefoucauld
R. Notre-Dame de Lorette
R. H. Monnier
PL. GUSTAVE-TOUDOUZE
R. de Navarin
Boutique du père Tanguy
R. Clauzel
Rue de la Tour-d'Auvergne
Cité Ch. Godon
Rue Milton
R. Rodier
R. de l'Agent-Bailly
R. Manuel
Hôtel de Païva
PL. ST-GEORGES
Saint-Georges
Square Alex Biscarre
Théâtre St-Georges
R. d'Aumale
Rue Saint-Georges
Rue Taitbout
Square d'Orléans
Musée Gustave Moreau
R. de la Tour-des-Dames
R. de Chéverus
Église de la Trinité
Trinité d'Estienne d'Orves
Arrivée
PLACE D'ESTIENNE D'ORVES
Rue Saint-Lazare
Rue de Châteaudun
Rue Choron
R. Hippolyte Lebas
Rue Bourdaloue
Notre-Dame-de-Lorette
Départ
Rue Lamartine
Rue de Maubeuge
Rue Buffault
Rue Le Peletier
Le Peletier
Rue de la Victoire
Rue La Fayette
Pass. des Deux-Sœurs
Rue Cadet
Rue Drouot
Rue Chauchat
Rue Laffitte
R. de Provence
R. Joubert
Rue de la Chaussée d'Antin
Cité d'Antin
Galeries Lafayette
PL. DIAGHILEV
Chaussée d'Antin-La Fayette
R. Gluck
R. Halévy
Haussmann
PL. A. OUDIN
R. Rossini
Hôtel des ventes Drouot
R. de la Grande Batelière
Pass. Verdeau
Pass. Jouffroy
Fbg Montmartre
0
100
200 m

6 Du Palais-Royal à la PLACE DE LA CONCORDE

Voici une balade qui vous fera traverser l'histoire de notre pays ! Depuis le château du Louvre jusqu'à la place de la Concorde, en passant par les galeries du Palais-Royal, attendez-vous à remonter le temps et à découvrir des facettes inattendues de la vie de nos anciens monarques... Chargé d'histoire, ce quartier est également un haut lieu de shopping, version abordable ou grand luxe, le point d'orgue en étant bien évidemment la place Vendôme !

Départ : métro Pont-Neuf, plus précisément sur le pont des Arts.

Durée : 1h30-2h.
Voir plan p. 52-53.

1 Si vous arrivez du métro Pont-Neuf, longez le quai du Louvre et le quai François-Mitterrand. Vous arrivez au pont des Arts, l'un des rares ponts parisiens exclusivement destinés aux piétons et point de départ de cette promenade. Ici ou plus tard dans votre visite, il ne serait pas étonnant que vous croisiez des tourtereaux étrangers en tenue de mariage, venus s'offrir une séance photo dans la ville des amoureux !

2 Laissez l'Institut de France et sa coupole derrière vous, il est temps de traverser le quai François-Mitterrand et de passer sous l'arcade qui vous mènera à la Cour carrée du Louvre.

3 Quittez la Cour carrée en choisissant l'arcade où apparaît la pyramide de verre★. Imaginez un instant que cet ensemble architectural se terminait sur

le palais des Tuileries : la demeure de Catherine de Médicis se situait au bout des deux ailes. Il fut d'ailleurs envisagé de faire se rejoindre l'ensemble, mais lors des événements de la Commune, en 1871, le palais fut détruit par un incendie. Dix ans plus tard, au lieu de le reconstruire, il fut décidé de le raser. Le Louvre est donc resté ouvert sur le jardin !

★ Pour la petite histoire...

Le projet « Grand Louvre » était audacieux : François Mitterrand sélectionna la proposition de l'architecte sino-américain Ieoh Ming Pei, dont le clou était bien sûr les pyramides de verre.
Au moment de leur conception, le président envisagea de placer *Le Penseur* de Rodin sous la grande pyramide. Un soir, en

Le plus beau des châteaux

Le Louvre a connu plusieurs vies... Lors de sa construction en 1190, c'était un château fort chargé de défendre le nord de Paris. Sa fonction défensive disparut sous François Ier, qui en fit un palais pour y vivre. À partir du XVIe s., le Louvre ne cesse de s'étendre : de carré il devient rectangulaire et est pourvu d'ailes toujours plus longues. C'est d'ailleurs le plus grand monument de Paris. Si l'on retrace le parcours des travaux, on découvre qu'ils prennent fin en 1999 avec l'aboutissement du projet « Grand Louvre » lancé par François Mitterrand !

Cour carrée du Louvre

comité restreint (qui comprenait notamment une certaine Anne Pingeot et sa fille), il fit déplacer la statue pour voir l'effet produit. Mais *Le Penseur* avait l'air bien perdu au centre de cette immense pyramide, et pas seulement dans ses pensées ! Le projet fut donc définitivement abandonné et la grande pyramide règne seule sur la cour Napoléon du Louvre.

4 Depuis la place du Carrousel rejoignez la rue de Rivoli, traversez-la et continuez sur la rue de Rohan. Contournez l'hôtel du Louvre et rejoignez la place Colette★, reconnaissable à son extravagante bouche de métro faite de sphères en aluminium et en verre de Murano ! C'est ici que se trouve l'entrée de la Comédie-Française.

★ Pour la petite histoire...

Sur la place Colette, la bouche de métro prend des airs de fête ! Ce *Kiosque des noctambules* - c'est le nom de l'œuvre - a été commandé à l'artiste Jean-Michel Othoniel pour fêter le centenaire du métro en l'an 2000. Les deux coupoles représentent le jour et la nuit, grâce aux couleurs chaudes et froides de ces grosses perles en verre de Murano.

5 Il est temps de partir à la découverte du Palais-Royal (avr.-sept. : 8h-22h30, oct.-mars : 8h-20h30). L'entrée se trouve sous les arcades à l'angle de la place. En plus de la Comédie-Française, cet ensemble abrite le Conseil d'État, le Conseil constitutionnel et le ministère de la Culture qui, lui, se trouve juste au-dessus des fameuses colonnes de Buren. D'ailleurs, avant de courir entre ces piliers, avez-vous noté la présence d'une antique boutique aux vitrines chargées de pipes un peu plus haut sur votre gauche ? *À l'Oriental*, réparateur et marchand de pipes, existe depuis 1819.

Le lieu de rendez-vous des élégantes

Le Palais-Royal s'est d'abord appelé Palais-Cardinal : c'était la demeure du cardinal de Richelieu. Lorsque le jeune Louis XIV y séjourna, le palais troqua son nom contre un claquant « Palais-Royal » ! Les galeries que l'on peut admirer aujourd'hui ont été aménagées au XVIIIe s., lorsque le duc d'Orléans y vivait. Dépensier, il devait trouver un moyen de combler ses fins de mois. Il décida d'aménager et de louer des locaux le long de ces galeries. Très vite, cercles politiques ou littéraires, cafés, tripots et prostituées s'emparèrent des lieux : son succès tint au fait que c'était l'un des seuls endroits à l'époque où l'on pouvait marcher sans patauger dans la boue !

6 Maintenant, à vous les colonnes de Buren : elles sont en général un site privilégié pour quelques photographies déjantées !

7 Le jardin du Palais-Royal se trouve après les fontaines et la galerie. Pour profiter pleinement du site, glissez-vous sur la droite du jardin et explorez ses contours en commençant par la galerie de Valois. Les boutiques de créateurs et quelques enseignes historiques sont disséminées sur ce chemin.

8 Lorsque vous atteindrez la galerie de Beaujolais, vous apercevrez l'un des plus anciens restaurants de Paris : le *Grand Véfour* existe depuis 1784, plus vieux que la Révolution ! L'écrivain Colette était une habituée, une plaque lui rend d'ailleurs hommage tout à côté. Après le restaurant, tournez à gauche dans la galerie de Montpensier. Mais n'allez pas jusqu'au bout... Légèrement décalé sur la gauche, le passage Potier ouvre grand ses volets bleus, traversez-le et remontez la rue Richelieu à droite, en direction de la petite place où trône la somptueuse fontaine Molière★.

★ Pour la petite histoire...

Celui qui est considéré comme

le « patron des comédiens français » n'a en fait jamais connu la Comédie-Française... Cette entité est fondée en 1680 par Louis XIV, sept ans après la mort de Molière. Mais l'auteur satirique et sa troupe avaient obtenu du roi la possibilité de s'établir au théâtre Richelieu, l'ancien nom de la Comédie-Française. Les premières pièces intégrées au répertoire de la Comédie furent celles de Molière et de Racine.

9 La balade continue rue Molière. Au bout, l'avenue de l'Opéra offre une belle vue sur l'édifice en question ! Traversez-la, puis continuez votre chemin rue de l'Échelle, pour rejoindre la rue Saint-Honoré sur votre droite. Vous voici dans LA rue du shopping ! Une multitude de petites boutiques devraient ravir les addicts. Pour celles et ceux qui voudraient s'offrir une halte, ne ratez pas le torréfacteur ***Verlet*** qui fait aussi salon de thé *(256, rue Saint-Honoré, 75001 - ☎ 01 42 60 67 39 Lun.-sam. 8h30-19h - Paquet de 250 g de café : 7-13 € en moyenne).* Les effluves de café torréfié ne laissent personne de marbre... ni la vitrine où sont alignés des fruits confits très colorés !

L'église Saint-Roch, un vrai petit musée

Cette église fut construite au milieu du XVIIe s. dans un quartier où les aristocrates avaient élu domicile, attirés qu'ils étaient par la proximité des lieux avec le Louvre. C'est peut-être la fortune des habitants de la paroisse qui est à l'origine de la taille de cette église : avec ses 126 m de long et ses 21 chapelles, elle se classe parmi les plus grandes de Paris. N'hésitez pas à découvrir l'intérieur : outre un très bel orgue de style rocaille, une quantité impressionnante d'œuvres religieuses des XVIIe et XVIIIe s. orne les murs, c'est un vrai petit musée !

10 Quarante numéros plus loin, c'est l'église Saint-Roch qui vous fera de l'œil, dans un tout autre registre.

11 Continuez ensuite votre route sur la rue Saint-Honoré, où les vitrines de marques prestigieuses rivalisent en créativité. Durant vingt ans, Colette fit et défit les tendances dans cette rue même, avant le départ en retraite de sa patronne. Sur votre droite, bifurquez lorsqu'émerge la structure de verre du marché Saint-Honoré, immense galerie aux allures anachroniques dans ce quartier. À l'entrée de la place, l'un des nombreux panneaux bruns qu'a disséminés la Ville de Paris dans toute la capitale vous en dira plus sur ce site. Et si vous visitez les lieux un mercredi *(12h30-20h30)* ou un

Fastueuse place Vendôme

Cette place est une commande de Louis XIV qui tenait à s'y mettre en valeur en édifiant une statue équestre à son effigie. Las ! Comme la plupart des statues royales, elle fut détruite lors de la Révolution. C'est une statue de Napoléon Ier qui la remplace au début du XIXe s. Au gré des événements, elle redescendra de son socle avant d'y remonter. C'est bien lui qui trône actuellement là-haut, coiffé d'une couronne de lauriers et glaive au poing, comme César ! La légende dit que 1200 canons pris aux armées russes et autrichiennes furent coulés pour édifier la colonne. À l'intérieur se cache un escalier en colimaçon qui permet d'accéder à la plate-forme, 44 m plus haut.

samedi *(7h-15h)*, passez à droite de la verrière : un marché s'y installe !

⑫ Ressortez ensuite de l'autre côté de la rue du Marché-Saint-Honoré, puis rejoignez à gauche la rue Danielle-Casanova, et avancez en direction de la place Vendôme !

⑬ Vous vous trouvez maintenant sur l'une des places les plus célèbres et les plus luxueuses

Colonne Vendôme

au monde. Hormis les grandes marques de créateurs de bijoux, le célèbre *Ritz* et le ministère de la Justice sont installés sur la prestigieuse place Vendôme★.

★ Pour la petite histoire...

Lorsque Coco Chanel dessina le flacon du mythique Chanel n° 5, elle lui donna les mêmes proportions que la place Vendôme... Une inspiration qui pourrait tenir au fait que la créatrice avait élu domicile au *Ritz* et travaillait dans ses ateliers rue Cambon, juste derrière la place. Mais jamais elle ne révéla si ce fut une coïncidence ou une volonté de sa part !

⓮ La balade continue en sortant à l'opposé : sur votre droite, vous retrouverez la rue Saint-Honoré. Après quelques nouvelles boutiques luxueuses, une autre église se dressera à l'angle de la rue Cambon, sur votre gauche. Il s'agit de l'église polonaise de Paris, Notre-Dame de l'Assomption. À la différence de nombreux autres édifices religieux qui furent souvent transformés en simples dépôts durant la Révolution, celle-ci devint un magasin de décors.

⓯ Suivez ensuite la rue Cambon à gauche pour rejoindre l'infatigable place de la Concorde★.

★ Pour la petite histoire...

Avez-vous remarqué ces huit statues de femmes qui entourent la place ? Elles représentent chacune une grande ville de France. Le plus intéressant se trouve sous elles : chaque socle est en fait une guérite où vivait une famille ! Lorsque la place fut aménagée en 1760, certains habitants refusèrent de partir. On leur offrit donc ces minuscules maisons pourvues d'un sous-sol et d'un jardin de 250 m². À l'époque, la place était entourée d'un fossé large de

Place de la Concorde

Place de la Concorde, place des guillotinés

Voici encore une place conçue à la gloire d'un roi - Louis XV cette fois-ci ! Elle deviendra la place de la Révolution en 1789. La guillotine, fixée au niveau de l'entrée des Champs-Élysées, débita à tour de bras à partir de 1793 : de Louis XVI à Robespierre, 1119 têtes roulèrent en à peine deux ans. L'obélisque de Louxor orna le centre de la place de la Concorde à partir de 1836. Ce cadeau des Égyptiens, décoré de hiéroglyphes relatant le règne de Ramsès II, a l'avantage de n'avoir aucune portée politique. Ce qui, pour ce haut lieu de la Révolution, constitue un sacré rempart aux tentatives d'appropriation.

20 m où se trouvaient les jardins. Parmi les occupants, on trouvait sous Brest un maraîcher, sous Bordeaux un marchand de vin (!), mais aussi un juge de paix, un maréchal des logis et, sous Nantes, un limonadier, qui, derrière son commerce paisible, avait aménagé des caches souterraines qu'il louait aux « filles légères » !

16 Il est temps de terminer ce parcours en prenant un bain de soleil au jardin des Tuileries ! S'il reste des places et si le temps le permet, les chaises vertes disséminées autour de la fontaine ont une inclinaison parfaite, propice à la rêverie...

Jardin des Tuileries

9e
Bd des Capucines
Madeleine
Bd de la Madeleine
PLACE DE LA MADELEINE
Rue Royale
Ministère de la Justice
PL. MAURICE BARRÈS
Notre Dame de l'Assomption
8e
Concorde
PLACE DE LA CONCORDE
Jeu de Paume
Arrivée
Musée de l'Orangerie
Jardin des Tuileries
PLACE VENDÔME
R. de Castiglione
Rue St-Honoré
Rue du Mont Thabor
Rue de Rivoli
Tuileries
PLACE DU MARCHÉ ST-HONORÉ
Saint-Roch
Pyramides
Avenue de l'Opéra
Rue Danielle Casanova
R. Gomboust
Quatre Septembre
PL. DES PYRAMIDES
Musée des Arts décoratifs
Palais
Musée du L
PLACE DU CARROUSEL
Pyramid du Louvr
Quai des Tuileries
Quai Anatole France
PASSERELLE DE SOLFÉRINO
PONT ROYAL
PONT DU CARROUSEL
Seine
Quai Voltaire
Quai Malaquais
Rue de Lille
Rue de Verneuil
Rue de l'Université
Boulevard Saint-Germain
7e
Parcours
Variante itinéraire
Sens de la balade
Monuments à voir
0
100
200 m

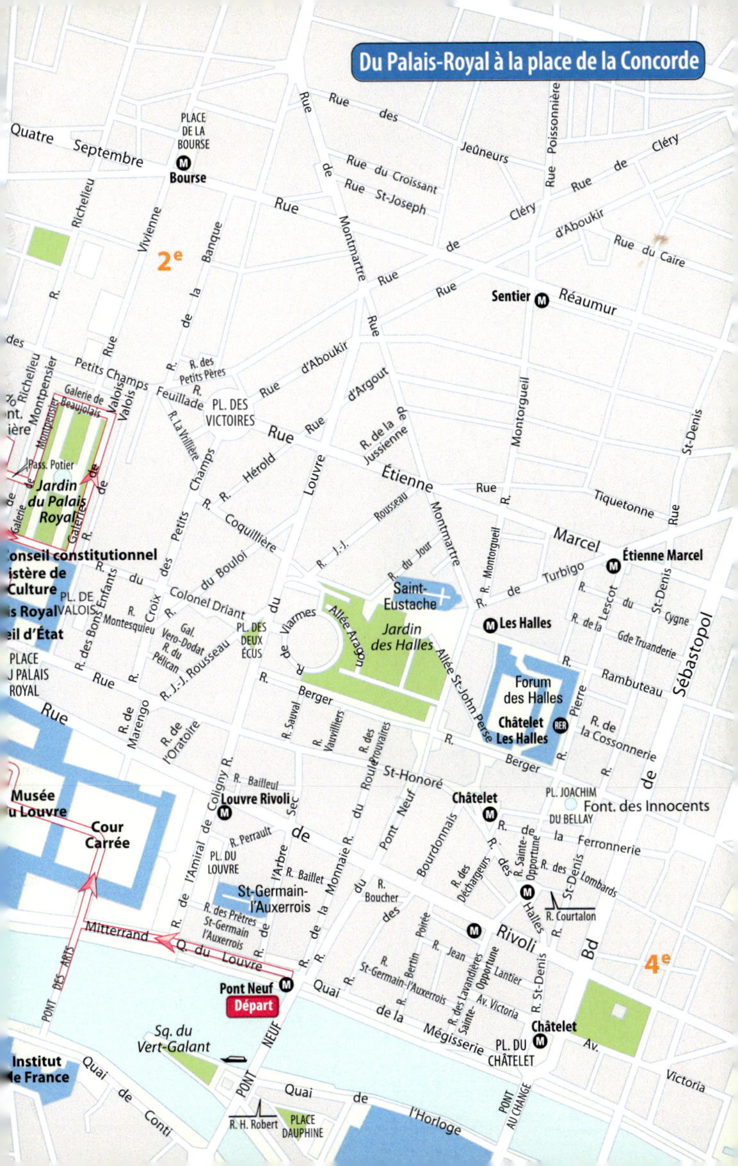
Du Palais-Royal à la place de la Concorde
PLACE DE LA BOURSE
Bourse
Quatre Septembre
Rue des Jeûneurs
Rue Poissonnière
Rue de Cléry
Rue du Croissant
Rue St-Joseph
Rue d'Aboukir
Rue du Caire
Rue Réaumur
Sentier
Richelieu
Vivienne
2e
R. de la Banque
Rue Montmartre
Rue des Petits Champs
R. des Petits Pères
R. Feuillade
PL. DES VICTOIRES
Rue d'Aboukir
Rue d'Argout
Rue Étienne Marcel
R. de la Jussienne
Montorgueil
St-Denis
Rue Tiquetonne
Rue Montpensier
Galerie de Beaujolais
Valois
Pass. Potier
Jardin du Palais Royal
Galerie de Montpensier
Galerie de Valois
R. La Vrillière
R. Hérold
Rue du Louvre
R. Coquillière
R. J.-J. Rousseau
R. du Jour
Saint-Eustache
R. Montorgueil
Étienne Marcel
R. de Turbigo
R. du Cygne
R. de la Gde Truanderie
R. Lescot
Conseil constitutionnel
Ministère de la Culture
PL. DE VALOIS
Palais Royal
Conseil d'État
PLACE DU PALAIS ROYAL
R. des Bons Enfants
R. Croix des Petits Champs
R. du Bouloi
R. Colonel Driant
R. Montesquieu
Gal. Vero-Dodat
R. du Pélican
PL. DES DEUX ÉCUS
Rue de Viarmes
Allée Aragon
Jardin des Halles
Allée St-John Perse
Les Halles
Forum des Halles
Châtelet Les Halles
RER
R. Pierre Lescot
Rue Rambuteau
Bd de Sébastopol
R. de la Cossonnerie
R. Berger
R. Sauval
R. Vauvilliers
R. des Prouvaires
Rue St-Honoré
R. de Marengo
R. de l'Oratoire
R. de l'Arbre Sec
R. Bailleul
Louvre Rivoli
Musée du Louvre
Cour Carrée
R. de l'Amiral de Coligny
R. Perrault
PL. DU LOUVRE
R. Baillet
St-Germain-l'Auxerrois
R. des Prêtres St-Germain l'Auxerrois
R. de la Monnaie
R. du Roule
R. du Pont Neuf
R. des Bourdonnais
R. Boucher
Châtelet
PL. JOACHIM DU BELLAY
Font. des Innocents
R. de la Ferronnerie
R. des Déchargeurs
R. des Halles
R. Sainte-Opportune
R. des Lombards
R. St-Denis
R. Courtalon
Rue de Rivoli
R. Jean Lantier
R. Bertin Poirée
R. St-Germain-l'Auxerrois
R. des Lavandières Sainte-Opportune
Av. Victoria
4e
Mitterrand
Q. du Louvre
Pont Neuf
Départ
PONT DES ARTS
Quai de la Mégisserie
PL. DU CHÂTELET
Châtelet
Sq. du Vert-Galant
Institut de France
Quai de Conti
PONT NEUF
Quai de l'Horloge
R. H. Robert
PLACE DAUPHINE
PONT AU CHANGE

7 Autour du village DE CHARONNE

Comme ses voisins Belleville et Ménilmontant, le village de Charonne est resté indépendant jusqu'en 1860, date de son rattachement à la ville de Paris. Aujourd'hui adossé au cimetière du Père Lachaise, ce quartier se distingue par son allure particulière et unique dans la capitale. L'occasion de s'accorder une pause bucolique en découvrant ses charmantes petites cités et jardins sauvages qui vous transportent dans un autre temps. En guise d'apothéose, la visite se terminera par l'insolite quartier de la Campagne à Paris !

Départ : sortie du métro Alexandre-Dumas, rue de Bagnolet.

Durée : 1h45 environ.
Voir plan p. 61.

1 L'infinie rue de Bagnolet, sur votre droite en sortant du métro, sera le marqueur de la première partie de cette promenade : les légers écarts que vous serez amené à faire vous ramèneront toujours à elle ! Entamez donc votre balade le long de cette rue, tout en écarquillant les yeux pour ne pas louper sur votre gauche l'entrée de la cité Aubry : plongez-y ! Après le virage, la villa Riberolle est un vrai repaire de saltimbanques : des ateliers d'artistes, une scène de théâtre, un ciné-club et la

Villa Riberolle

chaîne de télévision de quartier Télé Bocal y ont élu domicile.

2 Sortez de la villa Riberolle pour rejoindre la rue de Bagnolet. Quelques mètres plus loin, rebelote ! Toujours à gauche, c'est dans la rue Ligner que vous plongez ensuite. Cette dernière forme également une boucle qui rejoint la rue de Bagnolet, où vous reprendrez ensuite votre chemin.

3 Maintenez le cap en longeant cette succession d'immeubles récents et anciens, et dès la prochaine intersection, piquez à nouveau à gauche dans la rue de la Réunion. Au bout du chemin, vous apercevrez un grand mur d'enceinte percé d'un petit escalier : c'est un accès au cimetière du Père-Lachaise. Mais au lieu de rendre visite aux illustres morts du quartier, pénétrez dans le petit Jardin naturel★ situé sur votre droite. Vous entrez dans un domaine sauvage où l'odeur du bitume laisse place à mille parfums... Pour les savourer et découvrir le jardin dans son ensemble, repérez les escaliers qui mènent à la promenade haute et suivez-les.

★ Pour la petite histoire...

Ce Jardin naturel existe depuis 1995. L'idée ? Faire confiance à la nature ! Les plantes choisies ont été agencées de manière à pouvoir évoluer sans presque aucune intervention humaine. Fougères et campanules côtoient les merisiers, chênes et autres érables ; quant à la prairie, elle n'est fauchée que deux ou trois fois par an ! Vous découvrirez aussi une mare et des roches calcaires choisies pour rappeler celles qui étaient extraites dans les carrières parisiennes au XIXᵉ s.

4 Ressortez du jardin par le portail opposé. Laissez le cimetière du Père-Lachaise derrière vous et rejoignez en bas la rue de Bagnolet, que vous prendrez à gauche : c'en est fini des boucles dans ce quartier ! Ne manquez pas, même s'il n'est pas possible de la visiter, la villa Godin au n° 85 : de beaux immeubles modernes aux façades en bois ont remplacé les vieilles maisonnettes.

5 Quelques dizaines de mètres plus loin, traversez la rue des Pyrénées et laissez vos pas vous guider jusqu'à la *Flèche d'Or*, que vous découvrirez sur le trottoir de droite juste avant le croisement avec la rue Florian. Attention, aucune enseigne n'indique son nom ! Un immeuble flambant neuf fait face à l'antique *Flèche d'Or* : il s'agit du ***Mama Shelter***, l'une des adresses les plus branchées de Paris ! *(109, rue de Bagnolet, 75020 ☎ 01 43 48 45 45 - Lun.-sam. 12h-15h et 19h-23h30, dim. 12h30-15h30 (brunch). Plats : 9-29 €, cocktail : 8-15 €).* N'hésitez pas à y faire une pause : en plus d'un hôtel conçu par le designer Philippe Starck, un restaurant, un bar et une brasserie se présentent à vous. La terrasse, ouverte uniquement lors de l'organisation de soirées, dévoile un joli panorama sur le quartier.

6 Quittez pour quelque temps la rue de Bagnolet en empruntant à droite la rue Florian, puis tournez rue Galleron. Au niveau du virage, longez le terrain de sport : cette ruelle vous dépose rue Saint-Blaise, reconnaissable aux jolis commerces

La Flèche d'Or ou l'ancêtre de l'Eurostar...

Cette salle de concert s'est installée dans l'ancienne gare de Charonne, qui fonctionna de 1867 à 1934. Son nom provient du train qui relia Paris à Londres à partir de 1926 (grâce au ferry entre Calais et Douvres). Véritable ancêtre de l'Eurostar, la Flèche d'Or était un train prestigieux composé uniquement de voitures-salons Pullman. Atteignant 110 km/h au compteur, il était le plus rapide de son époque ! Aujourd'hui, la salle de concert a fermé ses portes, elle devrait faire l'objet d'un projet de réhabilitation destiné à mettre en valeur l'histoire de l'édifice. On annonce l'installation d'un pub, pour sa réouverture.

qui la bordent et à l'église Saint-Germain-de-Charonne qui émerge à son extrémité. Vous avez rejoint le cœur du village de Charonne ! Avant de continuer, jetez un œil au n° 25, vous apercevrez un auvent en bois dans une jolie courette.

7 Revenez ensuite sur vos pas pour prendre la direction du clocher. La rue Saint-Blaise est idéale pour une pause déjeuner, n'hésitez pas à tester la terrasse du ***Café Lumière*** *(15, rue Saint-Blaise, 75020 ☎ 09 50 58 76 86 - Lun. 12h-14h30 et 19h-22h30, mar. 12h-15h, jeu. 12h-15h et 19h-22h30, ven. 12h-15h et 18h-23h30, sam.-dim. 12h-00h).*

8 Avant de gravir les marches pour rejoindre le parvis de

L'église Saint-Germain de Charonne, cœur du village

L'église est le cœur du bourg campagnard de Charonne. Elle est créée au XIIe s., pour être reconstruite au XVe s. Finalement, ses travées sont supprimées trois siècles plus tard. Elle connut ses dernières transformations au XIXe s., si bien que seul le clocher est encore d'origine aujourd'hui ! Sa particularité : elle est l'une des dernières à avoir conservé son propre cimetière avec l'église Saint-Pierre de Montmartre.

l'église Saint-Germain, regardez sur votre droite : l'église Saint-Cyrille-Saint-Méthode★, beaucoup plus récente, lui fait face.

★ Pour la petite histoire...

L'église Saint-Cyrille-Saint-Méthode, dont la construction a commencé en 1933, est le résultat d'une revendication des croque-morts, fatigués de grimper les marches de l'église Saint-Germain de Charonne chargés de lourds cercueils. Ils s'appuyèrent sur leur syndicat pour faire accepter la construction d'une nouvelle église de plain-pied ! Aujourd'hui, cette église accueille la communauté croate de Paris.

9 En haut des marches, un portail dévoile le petit cimetière *(16 mars-5 nov. : lun.-ven. 8h-18h, sam. 8h30-18h, dim. 9h-18h)* : vous allez le traverser (s'il est fermé, remontez la rue de Bagnolet dans le sens croissant des numéros, car ce petit crochet à travers le cimetière débouche sur la prochaine intersection). En haut de l'allée principale du cimetière, la sortie donne sur un grand mur : il cache sous une petite prairie le réservoir d'eau de Charonne. Prenez à droite et faites une pause devant le n° 1 du chemin du Parc-de-Charonne★.

★ Pour la petite histoire...

Cet immeuble récent abrite des ateliers d'artistes. Les architectes ont pris pour modèles les ateliers existants quelques siècles auparavant dans le quartier : les pièces d'eau se situent au niveau des murs en parpaings, tandis que les pièces dites « sèches » ont une façade constituée de bois et de briques, avec de longues vitres étroites.

10 Vous voilà à l'intersection avec la rue des Prairies : repérez la grande tour qui pointe son nez à l'horizon, et prenez ce chemin, grâce auquel vous rejoindrez une nouvelle fois la rue de Bagnolet !

11 Avez-vous remarqué, depuis la rue qui surplombe l'axe central, les deux habitations aux nos 134

Une duchesse en pleine campagne

Le pavillon de l'Ermitage était la propriété de la duchesse d'Orléans, fille légitimée de Louis XIV et de Mme de Montespan. En 1719, alors que le village est excentré et rural, la duchesse surprend son monde en choisissant de s'y installer. Ce pavillon est l'ultime vestige de ce qui était autrefois un grand site de 80 ha, le château de Bagnolet. Il est connu pour avoir été le repaire du complot visant à libérer Louis XVI le jour de son exécution, tentative vouée à l'échec... Depuis 2005, il est possible de le visiter.

et 136 ? Chacune d'entre elles est pourvue d'un escalier à double volée. Lorsque la route en surplomb rejoint l'artère principale, traversez et dirigez-vous rue des Balkans. Vous longez alors le parc du pavillon de l'Ermitage ; votre objectif sera d'ailleurs d'y pénétrer par le petit portail qui se trouve un peu plus loin sur votre gauche !

12 Parcourez le joli parc et ressortez par la porte principale qui se trouve, inévitablement, sur la rue de Bagnolet. Traversez-la à nouveau et quittez-la définitivement. La suite de la promenade se situe rue Pelleport : restez toujours sur cet axe jusqu'à la patte-d'oie, où vous opterez pour la voie de droite.

13 Traversez la rue Belgrand pour rejoindre la rue du Capitaine-Ferber, passez saluer la Môme Piaf au centre de la place qui porte son nom, puis reprenez votre route avec le capitaine. Vous ne le quitterez que lorsque la place Octave-Chanute se dévoilera à vos yeux !

14 Vous voilà tout près de la Campagne à Paris, un quartier hors du temps. Choisissons un chemin détourné pour y pénétrer : empruntez la rue Étienne-Marey à gauche et remontez-la jusqu'au croisement avec la rue du Lieutenant-Chauré, où se dresse la façade blanche d'une maison ultramoderne. Si la Campagne à Paris se caractérise par ses maisonnettes d'ouvriers typiques du début du XXe s., en voici une qui détonne : blanche, agrémentée de cuivre et de verre oxydé, cette maison date de 1995. Ce sera votre point d'entrée à la Campagne : laissez-la sur votre gauche et dirigez-vous vers la petite église de la rue du Lieutenant-Chauré. Ici encore, les époques se bousculent : d'autres maisons modernes côtoient les anciennes maisons d'ouvriers...

Place Édith-Piaf et sa statue

15 N'hésitez pas à faire un tour dans le square Chauré avant de remonter la rue et de traverser le croisement pour rejoindre la rue Pierre-Mouillard. Quelques

Un vrai parfum de campagne

Elles sont en pierre meulière, en brique, et disposent de jardins fleuris et de glycines qui s'enroulent autour des grilles... Près de 90 maisons ouvrières poussèrent sur cette colline entre 1907 et 1922. Car ils étaient nombreux à devoir vivre ici : une importante carrière de gypse embauchait à tour de bras à deux pas de la place Octave-Chanute. Comme partout dans Paris, dès qu'une carrière fait du sous-sol un gruyère, les habitations en surface ne peuvent pas peser trop lourd. Voilà comment le quartier eut la chance de voir émerger l'un des endroits les plus bucoliques de la capitale !

mètres plus loin, bifurquez rue Irénée-Blanc. Vous êtes désormais au cœur de la Campagne à Paris !

16 N'hésitez pas à déambuler librement jusqu'à ce que vous trouviez directement, après le 22 bis de la rue Irénée-Blanc, la rue du Père-Prosper-Enfantin, dont la volée de marches débouche sur des immeubles de brique bien imposants comparés aux maisonnettes que vous quittez ! Partez à droite sur la rue Géo-Chavez, pour bifurquer immédiatement à gauche : la rue Martin-Garat vous ramènera rue Belgrand, où se trouve le métro Porte-de-Bagnolet, terminus de la visite !

Rue Irénée-Blanc

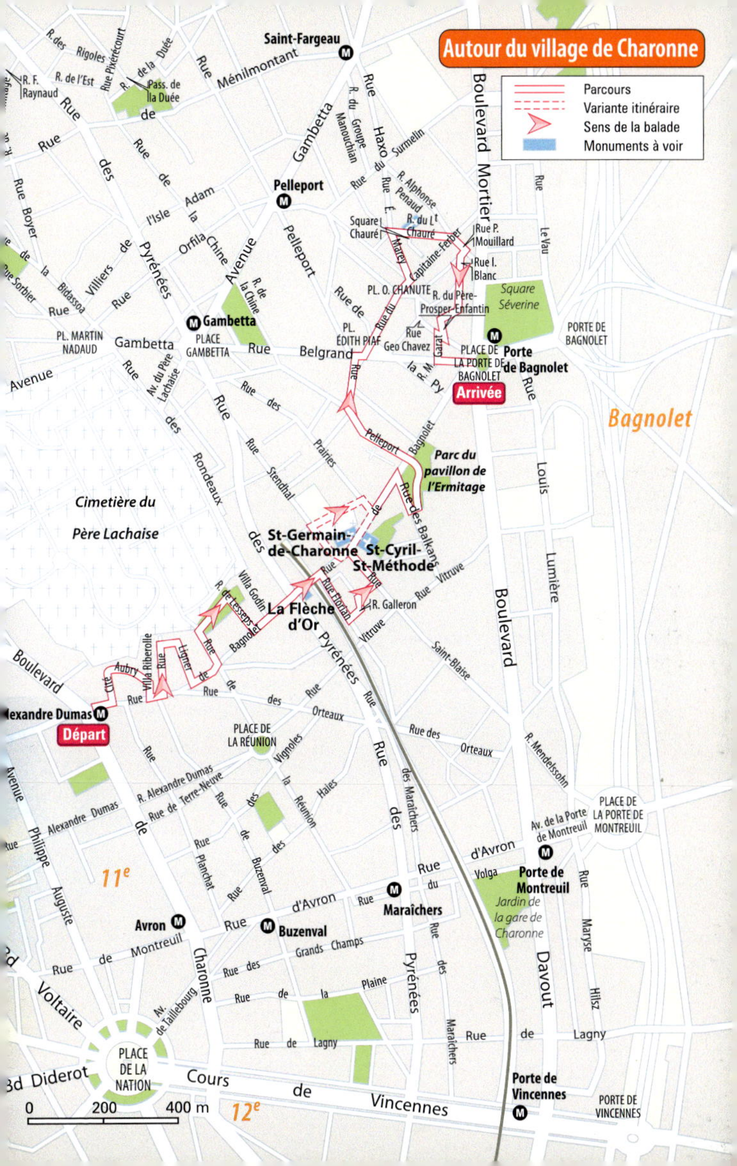

Autour du village de Charonne
Parcours
Variante itinéraire
Sens de la balade
Monuments à voir
Saint-Fargeau
Pelleport
Gambetta
PLACE GAMBETTA
PL. MARTIN NADAUD
PL. ÉDITH PIAF
PL. O. CHANUTE
Square Chauré
Square Séverine
PORTE DE BAGNOLET
PLACE DE LA PORTE DE BAGNOLET
Porte de Bagnolet
Arrivée
Bagnolet
Parc du pavillon de l'Ermitage
Cimetière du Père Lachaise
St-Germain-de-Charonne
St-Cyril-St-Méthode
La Flèche d'Or
Alexandre Dumas
Départ
PLACE DE LA RÉUNION
PLACE DE LA PORTE DE MONTREUIL
Porte de Montreuil
Jardin de la gare de Charonne
Maraîchers
Buzenval
Avron
PLACE DE LA NATION
Porte de Vincennes
PORTE DE VINCENNES
11e
12e
0
200
400 m

8 Un petit tour DANS LE MARAIS

Quartier branché, quartier gay, quartier juif… Entre la majestueuse place des Vosges et l'emblématique rue des Rosiers, le Marais, c'est tout cela et bien plus encore ! Après les années fastes où toute la société élégante du XVIIe s. vint s'y construire de majestueux hôtels particuliers, la Révolution balaya cette caste. Aujourd'hui, c'est un autre groupe qui a pris possession des lieux : les branchés ! Ils font et défont les tendances, dans les bars et les boutiques aux décorations hype, qui, pour beaucoup, ont élu domicile dans des bâtiments médiévaux. Un heureux mélange des genres et des époques !

Départ : Métro Hôtel-de-Ville.

Durée : 1h30-2h, lèche-vitrine inclus !
Voir plan p. 70-71.

❶ Depuis la rue de Rivoli, passez derrière l'Hôtel de ville par la rue de Lobau et partez en direction de la Seine : vous allez croiser une place où vous accueillent un orme et l'église Saint-Gervais-Saint-Protais pour la première étape de cette balade.

❷ Une fois sorti de l'église, rejoignez la rue François-Miron à droite. Vous apercevrez sur la gauche la mairie du 4e arrondissement. N'hésitez pas à gravir les quelques marches du côté des numéros pairs : cela vous permettra d'observer un plan dessiné du Marais à l'angle de la rue des Barres★. C'est d'ailleurs ici que vous tournez !

L'église des marchands de vin

Surprenante église qui ne possède que des tabourets pour ses fidèles. La construction de l'église Saint-Gervais-Saint-Protais démarra en 1494, il fallut 150 ans pour l'achever. Elle était à l'origine dédiée à la corporation des marchands de vin. À partir de 1653, elle accueillit une grande dynastie de musiciens français, les Couperin, organistes de père en fils. Leur orgue est d'ailleurs encore dans l'église. À droite de la porte principale, un écriteau résume son histoire. Jetez également un œil aux miséricordes, ces fauteuils en bois de chaque côté du chœur. Sous les stalles, des scènes cocasses y sont gravées... Les plus osées ont été censurées à coups de rabot au XVIIIe s. !

★ Pour la petite histoire...

Au XVe s., l'amant de la reine Isabeau de Bavière - Louis de Boisredon - vivait rue des Barres. Mais un jour, Charles VI, le mari trompé, roi de son état mais aussi réputé pour ses accès de folie, apprit son existence... Le pauvre Louis finit dans un grand sac au plus profond de la Seine !

Maisons à colombages

3 Ce crochet par la rue des Barres vous permet d'admirer une jolie maison à colombages tarabiscotée. À son angle à gauche, empruntez la rue du Grenier-sur-l'Eau puis tournez à nouveau à gauche dans la rue du Pont-Louis-Philippe, vous rejoindrez ainsi la rue François-Miron. Deux autres maisons à colombages se dressent quelques mètres plus loin, elles dateraient du XIVe s. et l'une d'entre elles est actuellement l'un des clubs échangistes les plus en vue de la capitale. Continuez ensuite votre chemin jusqu'à la rue de Jouy, que vous emprunterez. Au croisement avec la rue de Fourcy, avez-vous noté la sculpture d'angle ? Il s'agit de l'une des plus vieilles enseignes de Paris : elle représente un

Sculpture d'angle

rémouleur, marchand ambulant qui aiguisait les couteaux. Mais vous admirez ici une reproduction, la véritable enseigne est conservée au musée Carnavalet...

❹ Continuez dans la rue Charlemagne et bifurquez dès que la jolie rue du Figuier se dévoile à votre droite : elle vous mènera à l'hôtel de Sens. Cherchez, sur la façade, le boulet de canon fiché dans le mur par les révolutionnaires de 1830 !

❺ En face de l'hôtel, longez ensuite la rue de l'Ave-Maria. Vous découvrirez sur la gauche un grand terrain de jeux : sachez que les footballeurs en herbe tapent la balle contre l'enceinte de Philippe Auguste, construite entre 1190 et 1220 !

❻ Tournez à gauche dans la rue des Jardins-Saint-Paul et restez du côté où se trouvent les commerces : vous allez très vite pénétrer à droite dans le village Saint-Paul, un véritable dédale de

Mi-forteresse, mi-hôtel particulier

Jusqu'en 1622, Paris dépendait de l'archevêché de Sens. L'hôtel de Sens servait de résidence aux religieux. Plus tard, la reine Margot y habita deux courtes années, mais son passage fut remarqué... Car elle fit couper le magnifique figuier qui se trouvait au centre de la place et qui a donné son nom à la rue adjacente, pour ne pas gêner les manœuvres de son carrosse. Cet événement serait arrivé tôt ou tard puisque l'hôtel devint par la suite le siège des Messageries, coches et carrosses de Lyon et Franche-Comté, avant d'être transformé en fabrique de confitures ! Aujourd'hui, on y trouve la bibliothèque Forney, consacrée aux beaux-arts, aux arts décoratifs et aux techniques d'artisanat.

cours intérieures reliées entre elles, où se trouvent de jolies galeries d'antiquaires et quelques cafés. Passez sous l'arche du n° 10-12-14 pour rejoindre ces cours. À partir de là, à vous les déambulations ! C'est d'ailleurs un excellent endroit pour faire une pause à l'abri de la foule et du passage des voitures, sur l'une des petites terrasses des cafés-restos, comme ***La petite maison dans la cour*** *(9, rue Saint-Paul - ☎ 06 89 32 00 10 - Mer.-ven. 12h-16h, sam.-dim. 12h-20h Chocolat chaud maison : 5,50 €).* Pour en ressortir, retenez juste qu'il vous faut tourner à gauche dans la première cour, puis continuer toujours tout droit jusqu'à ce que vous rejoigniez la rue Charlemagne.

7 Une fois ressorti du village, la petite rue Éginhard devrait pointer son nez : elle forme un coude que vous suivez pour rejoindre la rue Saint-Paul★.

★ Pour la petite histoire...

À gauche, à l'angle des rues Saint-Paul et Neuve-Saint-Pierre se trouvait le cimetière Saint-Éloi, jusqu'en 1791. Il fut fermé à cette date pour construire de nouveaux bâtiments. En revanche, les tombes ne furent pas déplacées. Aussi, sous vos pieds, se trouvent parmi d'autres François Rabelais ou le Masque de Fer !

8 Du côté des numéros impairs, scrutez le passage Saint-Paul (eh oui ! tout est « Saint-Paul » par ici). Il semble se terminer en cul-de-sac, mais détrompez-vous : le passage débouche sur une porte latérale de l'église Saint-Paul-Saint-Louis... Pénétrez à l'intérieur ! Et si par hasard vous faisiez cette promenade à une heure où l'église est fermée, rejoignez la rue Saint-Antoine qui se trouve à gauche en ressortant du passage.

9 À l'intérieur de l'église Saint-Paul-Saint-Louis★, ne manquez pas de lever les yeux vers la coupole. Sa hauteur de 55 m est une sacrée prouesse pour l'époque de sa construction, en 1627 !

Coupole de l'église St-Paul-St-Louis

★ Pour la petite histoire...

Les cœurs de Louis XIII et de Louis XIV étaient déposés dans un écrin au sein de l'église Saint-Paul-Saint-Louis. Pendant la Révolution, un teinturier s'en empara et les réduisit en poudre pour fabriquer sa couleur pourpre !

⑩ Ressortez de l'église par la porte principale qui donne sur la rue Saint-Antoine. Traversez le passage piéton, puis parcourez quelques mètres sur la droite dans cette artère. Rejoignez ensuite la rue Caron à gauche : elle vous mènera sur la jolie place du Marché-Sainte-Catherine, un autre lieu sympathique où faire une pause sur le trajet ! Traversez-la et continuez votre périple en tournant à droite dans la rue de Jarente.

⑪ Ensuite, rejoignez la rue Saint-Antoine par la rue de Turenne à droite. Au bout de cette rue, vous découvrirez d'ailleurs un drôle d'immeuble à la façade gainée de métal : il fait partie du programme de réhabilitation des immeubles insalubres mené par la Ville. Tournez-lui le dos et arpentez la rue Saint-Antoine sur quelques dizaines de mètres, jusqu'à l'hôtel de Sully. Si l'hôtel est ouvert, entrez dans la cour et

Hôtel de Sully

traversez-le. S'il est fermé, tournez à gauche dans la rue de Birague pour rejoindre la place des Vosges.

⓬ Si vous avez l'opportunité de traverser l'hôtel de Sully, prenez le temps d'admirer les lieux… C'est aujourd'hui le Centre des monuments nationaux. Gravissez les escaliers situés dans la première cour, puis traversez le bâtiment central pour rejoindre le jardin situé à l'arrière. Au fond du jardin, vous trouverez une porte sur la droite : elle débouche sur la place des Vosges★.

Façades de la place des Vosges

Une place royale

Cette place est née d'un malheur… Il y avait à cet endroit l'imposant palais du roi Henri II. Mais lorsque ce dernier mourut dans d'atroces souffrances après un tournoi où une lance vint se loger dans son œil, sa femme, Catherine de Médicis, prit les lieux en horreur. Elle fit raser le palais ! La place libérée servit de marché aux chevaux jusqu'à ce que Henri IV commande la construction d'une place royale (c'est d'ailleurs le nom de l'ancienne place des Vosges). Henri IV mourut avant la fin des travaux, et jamais aucun monarque ne vécut dans les pavillons qui étaient destinés au roi et à la reine. Vous les reconnaîtrez facilement, ils dépassent tous les autres.

★ Pour la petite histoire…

Le nom de place des Vosges a été choisi pour honorer le premier département français qui paya ses impôts, en 1800 : plus personne ne s'en acquittait depuis la Terreur.

⓭ Entrez dans le jardin de la place et traversez-le. Ressortez-en par le portail situé sur l'angle gauche à l'autre extrémité, afin de poursuivre la balade rue des Francs-Bourgeois★.
Ouvrez les yeux : certaines boutiques branchées ont conservé les devantures d'époque. C'est notamment le cas au n° 7, où l'enseigne arbore des crocs de boucher !

★ Pour la petite histoire…

Contrairement à ce que l'on pourrait imaginer, la rue des Francs-

Bourgeois n'hébergeait pas que des familles aisées, bien au contraire ! Son nom provient des « maisons d'aumônes » fondées en 1334, et qui n'étaient autre que les HLM de l'époque : les occupants étaient affranchis de taxes en raison de leurs faibles ressources. On les appelait... les francs-bourgeois.

⓮ De nombreux hôtels particuliers ont été préservés dans cette rue, vous croiserez également le musée Carnavalet. Lorsque vous apercevrez une tourelle d'angle, ce sera le moment de délaisser la rue des Francs-Bourgeois pour la rue Pavée, à gauche. Suivez-la jusqu'à la rue du Roi-de-Sicile. Vous croiserez sur votre passage la rue des Rosiers que l'on rejoindra plus tard, ainsi que la synagogue Agoudas Hakehilos aux formes incurvées.

⓯ Prenez la rue du Roi-de-Sicile à droite, qui a la particularité de ne pas suivre l'alignement de façades pourtant exigé par Haussmann. Vous le remarquerez notamment après le croisement de la rue des Écouffes. D'ailleurs, c'est ici que vous tournez, à droite. Cette petite rue regorge de jolies devantures et façades. Vous apprécierez peut-être une pause chez ***Schwartz's***, un café aux allures new-yorkaises où de délicieux *cheesecakes*

Restaurant *Schwartz's*

Le cœur du quartier juif

La rue des Rosiers porte le même nom depuis 1230, en souvenir des nombreux rosiers qui la bordaient. C'est à cette époque que les juifs s'y installent. Les métiers dits « nobles », comme avocat ou médecin, leur étaient interdits. C'est pour cette raison que la plupart étaient commerçants ou prêteurs sur gages. Expulsée du quartier à la fin du XIVe s., la communauté juive y revient lors de la Révolution. Elle se reconstitue avec l'arrivée des Ashkénazes d'Europe de l'Est, se réfugiant en France pour éviter les pogroms au XXe s. Lors de la rafle du Vél'd'Hiv du 16 juillet 1942, plus de 12 000 juifs sont embarqués, laissant le quartier désert. Aujourd'hui, les Séfarades sont venus renforcer la communauté ashkénaze.

rivalisent avec les *bagels (16, rue des Écouffes - ☎ 01 48 87 31 29 Lun.-ven. 12h-15h et 19h30-23h, sam. 12h-17h et 19h-23h30, dim 12h-17h et 19h-23h Bagels : 5-7 €, cheesecake : 8 €).*

⑯ Après cette pause, rejoignez la rue des Rosiers en bifurquant à gauche. Très passante, c'est l'une des rues les plus vivantes de Paris le dimanche.

Portail de l'Hôtel Amelot de Bisseuil

⑰ À la sortie de la rue des Rosiers, remontez la rue Vieille-du-Temple★ à droite. Un portail orné de deux superbes gorgones devrait attirer votre regard.

★ Pour la petite histoire...

Le n° 47 de la rue Vieille-du-Temple est l'hôtel Amelot de Bisseuil, construit au XVIIIe s. Il est connu pour avoir hébergé Beaumarchais. C'est ici même qu'il écrivit *Le Mariage de Figaro* et qu'il organisa le trafic d'armes destiné aux Américains pendant la guerre d'Indépendance.

⑱ Un peu plus loin, la rue s'ouvre sur une sorte de placette très animée le week-end. Tournez immédiatement à gauche dans la rue des Blancs-

Récup' pour une église

L'église des Blancs-Manteaux tire son nom de l'habit des moines mendiants, qui jadis occupaient ces lieux. L'ancienne église a été remplacée au XVIIe s. mais la façade est plus ancienne. Elle a été récupérée sur une église de l'île de la Cité, détruite lors du réaménagement du boulevard du Palais par Haussmann.

Rue Sainte-Croix-de-la-Bretonnerie

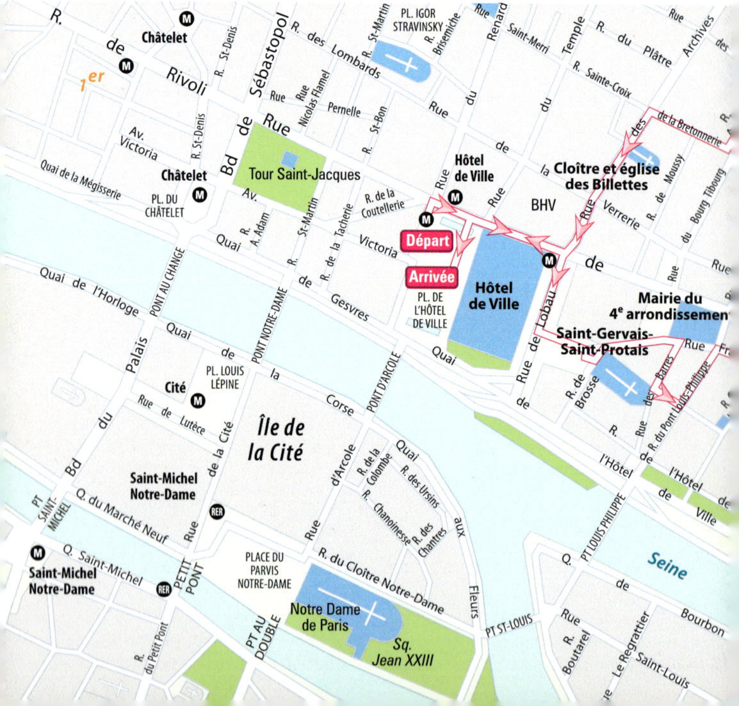

Manteaux, et faites une pause devant l'église du même nom !

⑲ En face de l'église, engouffrez-vous dans la petite rue Aubriot qui rejoint la rue Sainte-Croix-de-la-Bretonnerie. Vous avez désormais quitté le quartier juif pour rejoindre l'une des rues les plus prisées par la communauté gay ! De nombreux petits fanions arc-en-ciel ornent les vitrines. Tournez à droite, rue Sainte-Croix-de-la-Bretonnerie, et rejoignez la rue des Archives, où vous continuerez la balade en tournant à gauche. Si la porte est ouverte, n'hésitez pas à vous rendre dans le cloître situé contre l'église luthérienne des Billettes, il y a souvent de petites expositions.

⑳ La promenade touche à sa fin ! Descendez la rue des Archives, longez le BHV et rejoignez la place de l'Hôtel-de-Ville, centre administratif de la Ville depuis le XIVe s., maintes fois reconstruit. Vous voici au terminus !

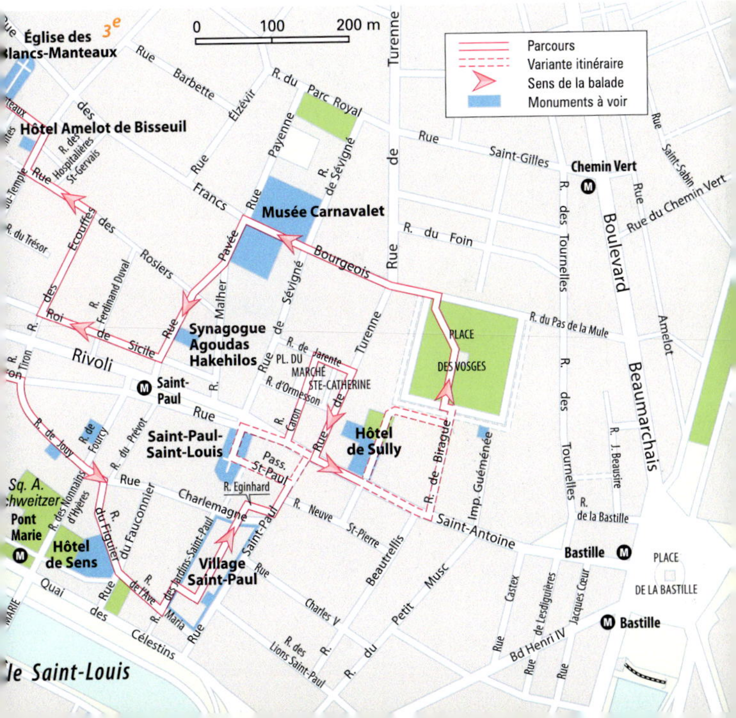

9 Le 13e OU L'ESPRIT VILLAGE

Cet arrondissement évoque trop souvent dans les esprits un Chinatown invisible au milieu d'immenses tours sans âme. Cassons le mythe ! Le 13e, c'est aussi de charmantes maisonnettes alignées dans des rues à l'atmosphère champêtre, dont on n'aurait pu soupçonner l'existence avant d'y mettre les pieds. Depuis les Gobelins, dirigez-vous vers la Butte-aux-Cailles et poursuivez au-delà de la rue de Tolbiac où là encore, la verdure de petits coins de paradis fait ralentir le pas pour se mettre au rythme de cet esprit village.

Départ : sortie du métro Les Gobelins, côté pair du boulevard Arago.

Durée : 1h30 environ. Voir plan p. 79.

1 Cette balade commence sur l'avenue des Gobelins qu'il faut descendre pour atteindre le boulevard Arago. Au niveau du n° 15, la minuscule rue des Marmousets vous permet de rejoindre la rue des Gobelins en une enjambée.

2 Engagez-vous à gauche dans cette rue des Gobelins, où l'on retrouve des traces du passé : une vieille porte cochère, puis l'enseigne de cette vieille fabrique de néons que l'on vous laisse le soin de dégoter – vous noterez également le château au fond de la cour, on y reviendra ! Puis un peu plus loin, une vieille devanture témoin de ces siècles où le quartier se consacrait aux toiles et cuirs en tout genre…

3 Après avoir tourné rue Gustave-Geffroy, le château de la Reine-

Vieille fabrique de néons

Blanche se dresse à nouveau derrière les grilles. Le petit bâtiment en briques surmonté de cheminées était un atelier de teinturerie appartenant à la famille Gobelin★.

★ Pour la petite histoire...

Si le quartier finit par prendre le nom de cette famille, c'est qu'elle y possédait beaucoup de terres : Jean Gobelin fit fortune au XVe s. en découvrant comment obtenir une belle teinte écarlate...

4 Un bâtiment flambant neuf se dresse devant le château. À son autre extrémité, partez à la recherche du plan du quartier, dessiné en transparence sur l'une des vitres : il vous dévoile la composition du bourg Saint-Marcel tel qu'il était en 1615... entouré de moulins ! Au bout de la rue Geffroy, prenez à gauche la rue Berbier-du-Mets. Vous longez alors le square René-Le-Gall★.

★ Pour la petite histoire...

À la place du square, il y avait ici une petite île calée entre deux bras de la Bièvre. Elle était surnommée l'île aux Singes en raison des primates que les saltimbanques y laissaient en toute liberté, sans risquer qu'ils ne s'enfuient !

5 Dans le virage, juste avant de rejoindre la rue Croulebarbe, vous passerez devant le siège du Mobilier national★ sur la

Les Gobelins, quartier... odorant

Vous voici au cœur du quartier des Gobelins, célèbre pour sa manufacture. Les tanneries étaient nombreuses dans les parages et suivaient le cours de la Bièvre... Elles se servaient de l'eau pour y plonger et travailler le cuir, l'odeur qui en émanait était pestilentielle ! En 1910, tous les tanneurs et teinturiers furent expropriés et la Bièvre enfouie pour éviter la propagation de maladies. Vous trouverez sur le parcours de petits écussons au sol, qui indiquent le passage souterrain de la rivière.

droite, un bâtiment un peu austère en ciment, édifié par l'architecte Auguste Perret.

★ Pour la petite histoire...

Sous l'Ancien Régime, seules les principales résidences royales étaient constamment meublées. Les autres étaient aménagées à la demande, juste avant l'arrivée du souverain. Il fallait donc un endroit pour stocker meubles, tapisseries et objets... Actuellement, le siège du Mobilier national conserve 80 000 objets, mobiliers et textiles. Le site se visite uniquement à l'occasion des expositions temporaires.

6 Lorsque vous rejoignez la rue Croulebarbe, qui se trouve devant vous, la tour Albert★, aussi appelée pompeusement « gratte-ciel n° 1 » se dresse légèrement en retrait. Le panneau de la Ville de Paris vous en dira plus sur la toute première tour d'habitation construite dans la capitale. N'oubliez pas de consulter ces panneaux tout au long du parcours !

Tour Albert

★ Pour la petite histoire...

Les habitants du quartier Croulebarbe acceptèrent le projet de construction de cette tour à condition qu'ils puissent bénéficier de la vue depuis le toit. Pendant dix ans, il fut donc possible à tous d'accéder au dernier étage... puis les copropriétaires changèrent d'avis et, en 1970, ils rachetèrent les droits d'accès. Dommage !

7 Plus loin, avant d'emprunter la rue des Reculettes, ne manquez pas l'enseigne du *Cabaret de Madame Grégoire*, où venaient s'encanailler Victor Hugo et Chateaubriand. En haut de la rue des Reculettes, imaginez qu'on a envisagé de faire une passerelle depuis cet endroit. Elle aurait plongé sous la tour, puis relié le square René-Le-Gall à la place d'Italie : vertigineux, non ?

8 Depuis la rue Abel-Hovelacque située à votre droite, rejoignez et traversez le boulevard Auguste-Blanqui. Avant cela, ne manquez pas de vous arrêter devant le beau bâtiment de l'école Estienne, qui forme ses étudiants aux métiers du livre et du design. De l'autre

Comme un air de village...

Le nom de la rue du Moulin-des-Prés donne une idée du visage de la Butte il y a plus d'un siècle. Neuf moulins à vent se dressaient sur la ligne de crête, et le propriétaire de la majorité des terres, M. Caille (d'où le nom de la Butte), y cultivait des vignes aujourd'hui disparues. Lorsque les prés laissèrent place à des constructions, il fut impossible de bâtir de trop lourds immeubles : le sous-sol est un véritable gruyère à cause d'anciennes carrières de calcaire !

côté du boulevard, la rue du Moulin-des-Prés marque le début de votre ascension vers la Butte-aux-Cailles.

9 Une vingtaine de mètres après, sur votre droite, empruntez la rue Gérard, puis la rue Samson dans la continuité ; enfin tournez à droite dans la rue de la Butte-aux-Cailles pour rejoindre le sommet de la Butte. Un sommet où se dresse d'ailleurs une petite « tour de Pise », comme la nomment les habitants du quartier. Si si, observez bien le n° 58 de la rue des Cinq-Diamants : le petit immeuble penche ! Et devinez quelle en est la cause ? Eh oui, des carrières de calcaire ! D'ailleurs, le café-restaurant ***Les Cailloux*** qui se trouve au rez-de-chaussée de cette adresse est un parfait point de chute pour une pause avant de poursuivre la balade *(58, rue des Cinq-Diamants, 75013 ☎ 01 45 80 15 08 T.l.j. 12h-0h30, f. 1er jan., 24-25 et 31 déc. Formule déjeuner : 15 €, soda ou jus : 4,50-5,50 €, verre de vin : à partir de 6 €).*

10 Repartez tout droit rue Alphand, puis bifurquez à gauche au niveau du passage Sigaud pour rejoindre la rue Barrault, elle aussi sur la gauche. Vous voilà à quelques pas de la villa Daviel et de la Petite Alsace. Pour les rejoindre, dévalez une partie de la rue Daviel située sur la droite, et stoppez au niveau des maisons à colombages. Commencez par la villa Daviel : cette petite impasse gorgée d'arbres et de glycines est une magnifique succession de petites maisons d'ouvriers (qui les ont désertées depuis longtemps), datant du début du XXe s.

11 En face maintenant, jetez un rapide coup d'œil à travers le portail bleu. Ces charmants bâtiments constituent la Petite Alsace. Pourquoi « Petite Alsace » ? Tout simplement pour ses maisons à colombages, de style alsacien.

12 Derrière ces habitations se trouve la Petite Russie★ dont vous pourrez peut-être apercevoir les toits pointus.

Rue Daviel

Un bout d'Alsace au cœur de Paris

Difficile d'y croire, mais vous êtes entouré de logements sociaux ! Les « chanceux » qui ont décroché un pavillon à cette adresse le quittent rarement… Les 40 appartements sont l'œuvre de l'architecte Jean Walter, qui répondit en 1913 à la demande de l'abbé Viollet qui voulait offrir des logements décents aux familles nombreuses.

★ Pour la petite histoire…

Les maisons de la Petite Russie sont construites sur le garage qui abritait les voitures de différentes compagnies de taxis. Ces logements étaient réservés aux chauffeurs, et comme il s'agissait en majorité de Russes, on surnomma ce pâté de maisons « la Petite Russie ».

13 Faites un crochet en bas de la rue Daviel : cela vous permettra de découvrir une petite église insolite à votre gauche, qui appartient au culte antoiniste, un courant sectaire basé sur le spiritisme, et qui date du début du XXe s.

14 Et maintenant, on retourne sur la Butte ! Après avoir remonté la rue Daviel, reprenez la rue Barrault, puis la rue Michal vers la gauche. Elle laisse apparaître au loin la fameuse église Sainte-Anne de la Butte-aux-Cailles.

15 La rue Michal débouche sur l'arrière de l'église. Piquez à gauche, en direction de la place

Un plancher craquant

Vous vous souvenez des carrières de calcaire sous la Butte ? Eh bien, l'église Sainte-Anne au style romano-byzantin, avec ses deux tours principales de 55 m de haut, n'est pas franchement légère ! Construite entre 1894 et 1912 sur le remblai de couverture de la Bièvre, elle se trouve sur un terrain très fragile. Pour tenir, il a fallu construire 71 pilotis souterrains, qui plongent de 16 à 22 m de profondeur pour s'appuyer sur une roche bien solide !

Paul-Verlaine. En route, passez par le joli passage Boiton et tournez à droite sur la rue de la Butte-aux-Cailles. Elle vous mène sur la place Paul-Verlaine, où vous verrez apparaître l'emblématique piscine Art déco du quartier. Comme l'explique le petit panneau, l'eau de la piscine n'est pas chauffée et pourtant elle se maintient constamment à 28° C !

16 Sur la place, ne manquez pas la fontaine ultramoderne qui scintille sous le soleil : l'eau provient du puits artésien, et beaucoup d'habitants du quartier viennent recharger leurs bouteilles ici. Il reste une dernière curiosité sur cette place : recherchez le petit monument, situé à proximité de la fontaine, commémorant le premier vol d'un ballon. Si la plaque est ici, le ballon ne s'est pas posé exactement là... Direction la rue Vandrezanne pour découvrir la petite place où il se posa ! Au niveau de la placette, dévalez le passage Vandrezanne, puis rejoignez sur la gauche le passage du Moulinet. Ce dernier abrite quelques jolies maisons.

17 Au bout, après un furtif passage à droite sur la rue de Tolbiac, rejoignez sur votre gauche la longue rue du Moulin-des-Prés que vous avez croisé précédemment dans cette promenade... Presque immédiatement sur la droite, le square des Peupliers vous réserve un très beau décor, faites-en le tour !

18 En ressortant du square, continuez à droite sur la rue des Peupliers. Les maisons que vous allez croiser dénotent franchement de la tonalité haussmannienne dont est empreinte la capitale !

19 La rue des Peupliers débouche place de l'Abbé-Georges-Hénocque. La façade de l'hôpital★ rappelle qu'à l'origine, les soins étaient réservés aux employés des chemins de fer.

★ Pour la petite histoire...

La Mutuelle des cheminots eut un illustre président d'honneur : Victor Hugo ! Sa fascination pour ce nouveau moyen de locomotion et son soutien en

D'un quartier malsain à l'esprit village

La rue des Peupliers, comme sa voisine la rue du Moulin-des-Prés, aligne une jolie succession de pavillons en pierre meulière, construits au début des années 1900 par la Société des cheminots pour ses employés. Plus loin, rue Dieulafoy, des maisons aux toits pointus bâties en 1920 sont destinées à l'élite. Mais la Bièvre, pas encore recouverte, passe là et le quartier est encore malsain. Les maisons ne se vendent pas et sont investies par les médecins de l'hôpital situé sur la place. Aujourd'hui, on se les arrache...

faveur de la création de cette mutuelle sont probablement à l'origine de cette nomination.

20 Cette balade touche à sa fin : depuis la rue Henri-Pape, rejoignez la rue Dieulafoy et ses maisonnettes de poupée. Au bout, sur la rue du Docteur-Leray, ne manquez pas la maison à colombages située au niveau de la placette : elle sera le point final de la promenade ! Pour rejoindre le métro, rebroussez chemin et reprenez la rue du Docteur-Leray puis, à droite engagez-vous dans la rue Damesme pour presque aussitôt tourner à gauche dans la rue Bourgon. Vous rejoindrez ainsi l'avenue d'Italie et la station Maison-Blanche, qui se situe un peu plus bas sur votre droite.

Rue Dieulafoy

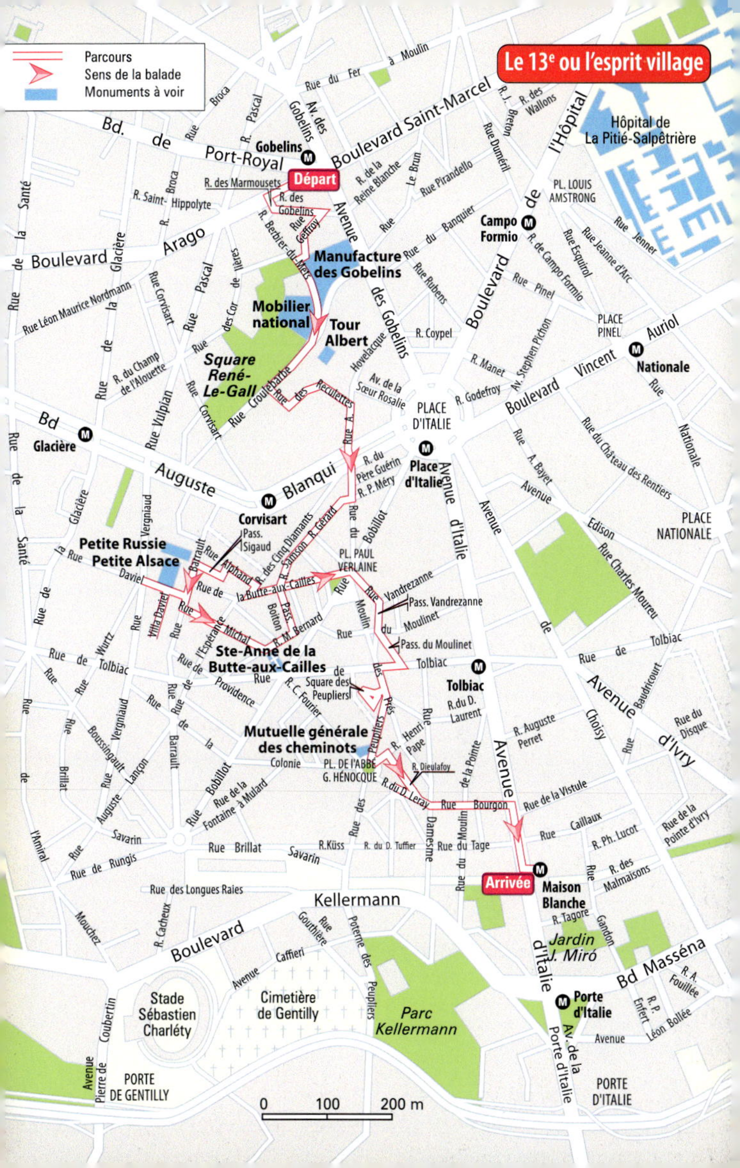
Le 13e ou l'esprit village
Parcours
Sens de la balade
Monuments à voir
Départ
Arrivée
Gobelins
Manufacture des Gobelins
Mobilier national
Tour Albert
Square René-Le-Gall
Corvisart
Glacière
Campo Formio
Nationale
PLACE D'ITALIE
Place d'Italie
Petite Russie
Petite Alsace
Ste-Anne de la Butte-aux-Cailles
Mutuelle générale des cheminots
Tolbiac
Maison Blanche
Porte d'Italie
Hôpital de La Pitié-Salpêtrière
PL. LOUIS AMSTRONG
PLACE PINEL
PLACE NATIONALE
PL. PAUL VERLAINE
PL. DE l'ABBÉ G. HÉNOCQUE
Jardin J. Miró
Stade Sébastien Charléty
Cimetière de Gentilly
Parc Kellermann
PORTE DE GENTILLY
PORTE D'ITALIE
Boulevard Saint-Marcel
Bd. de Port-Royal
Boulevard Arago
Bd Auguste Blanqui
Boulevard Vincent Auriol
Boulevard de l'Hôpital
Boulevard Kellermann
Bd Masséna
Avenue des Gobelins
Avenue d'Italie
Avenue de Choisy
Avenue d'Ivry
Av. de la Porte d'Italie
Rue du Fer à Moulin
Rue Broca
R. Pascal
R. des Marmousets
R. des Gobelins
Rue Geffroy
R. Berbier-du-Mets
R. Saint-Hippolyte
Rue Léon Maurice Nordmann
Rue de la Glacière
Rue de la Santé
Rue Corvisart
Rue des Cordelières
R. du Champ de l'Alouette
Rue Vulpian
Rue Croulebarbe
Rue des Reculettes
Rue A. Hovelacque
Av. de la Sœur Rosalie
R. Coypel
R. Manet
R. Godefroy
Av. Stephen Pichon
R. de la Reine Blanche
Rue Le Brun
Rue Pirandello
Rue du Banquier
Rue Rubens
Rue Dumeril
R.J. Breton
R. des Wallons
R. de Campo Formio
Rue Esquirol
Rue Jeanne d'Arc
Rue Jenner
Rue Pinel
Rue Nationale
Rue du Château des Rentiers
Rue A. Bayet
Avenue Edison
Rue Charles Moureu
Rue de Tolbiac
R. du Père Guérin
R. P. Méry
Rue Bobillot
Pass. Sigaud
R. des Cinq Diamants
R. Samson
R. Gérard
Rue Barrault
Rue Alphand
Rue de la Butte-aux-Cailles
Rue Daviel
Villa Daviel
Rue Vergniaud
Rue Wurtz
Rue de l'Espérance
Rue Michal
Rue Boiton
Pass. Boiton
R. M. Bernard
Rue du Moulin des Prés
Rue Vandrezanne
Pass. Vandrezanne
Rue du Moulinet
Pass. du Moulinet
Rue de la Providence
R. C. Fourier
Square des Peupliers
Rue des Peupliers
R. Henri Pape
Rue de la Colonie
R.du D. Laurent
R. Dieulafoy
R.du D. Leray
Rue Bourgon
Rue de la Pointe
R. Auguste Perret
Rue de la Vistule
Rue Caillaux
R. Ph. Lucot
R. des Malmaisons
Rue de la Pointe d'Ivry
Rue du Disque
Rue Baudricourt
Rue Boussingault
Rue Auguste Lançon
Rue Brillat Savarin
Rue de la Fontaine à Mulard
Rue de l'Amiral Mouchez
Rue de Rungis
Rue des Longues Raies
R. Cacheux
R.Küss
R. du D. Tuffier
Rue Damesme
Rue du Tage
Rue du Moulin de la Pointe
R. Tagore
Rue Gandon
Rue Gouthière
Avenue Caffieri
Poterne des Peupliers
Avenue Pierre de Coubertin
R. A. Fouillée
R.P. Enfert
Avenue Léon Bollée
0
100
200 m

10 L'île DE LA CITÉ

Vous vous apprêtez à visiter le saint des saints, le cœur de Paris, son berceau ! La moitié de la superficie de l'île de la Cité est occupée par des bâtiments majeurs de l'Histoire de France. Après une virée chez les emblématiques bouquinistes du quartier, défilent les siècles qui forgèrent la capitale : la cathédrale Notre-Dame, la Conciergerie, la Sainte-Chapelle... Et à l'heure où le fameux « 36 quai des Orfèvres » et son Palais de Justice déménagent, l'île va connaître un nouveau souffle qui promet d'étonner.

Départ : sortie métro Saint-Michel ou RER Saint-Michel-Notre-Dame.

Durée : 1h15.
Voir plan p. 87.

1 La balade commence sur le quai Saint-Michel : partez en direction de Notre-Dame en longeant les étals des bouquinistes les plus célèbres au monde.

2 Le quai de Montebello, dans la continuité du quai Saint-Michel, vous mènera jusqu'au joli pont au Double. Avant de rejoindre le parvis de Notre-Dame, faites une halte sur celui-ci pour admirer le Petit Pont*. Bâbord, tribord, vous hésitez ? Tournez-vous dans le sens où coule la Seine pour regarder le bon pont, et si vous hésitez encore, sachez que vous l'avez croisé en arrivant ici !

* Pour la petite histoire...

En 1718, le Petit Pont fut au centre d'une tragédie : il était coutume de faire flotter sur la

Bouquinistes de Paris

« Libraires comme l'air »

Les bouquinistes et leurs boîtes vertes sont un pan du folklore parisien ! Au point même qu'ils sont inscrits au patrimoine de l'Unesco. C'est devant la prolifération de colporteurs au XVIe s., menaçant les libraires, qu'il fut décidé de réglementer la profession. Une vingtaine de bouquinistes prit donc possession d'un bout de parapet en 1620 : aujourd'hui, ils sont dix fois plus nombreux.

Seine un bois creux garni d'un cierge allumé et d'un pain pour retrouver les noyés (le bois était censé s'arrêter au-dessus du corps). Une femme, persuadée que son fils gisait au fond du fleuve, lança son bois creux. Mais celui-ci se coinça contre un bateau chargé de paille qui s'enflamma et, sur son passage... embrasa le Petit Pont. L'incendie dura trois jours et détruisit 22 maisons.

3 Lorsque vos pieds foulent le parvis de Notre-Dame, sachez que vous vous situez sur le point kilométrique zéro des routes de France ! Symbolisé au sol par une rose des vents en bronze,

Rose des vents de Notre-Dame

Notre-Dame, sauvée par Victor Hugo

Aux XVIIe et XVIIIe s., l'aspect gothique de la cathédrale fut conspué : ce n'était plus tendance ! Les vitraux du Moyen Âge furent remplacés par du verre blanc et les murs badigeonnés. Durant la Révolution, Notre-Dame devint un entrepôt et il fut même envisagé plusieurs fois de la raser. Mais en 1831, Victor Hugo lui donna un coup de pouce salvateur, en la choisissant comme décor pour l'histoire d'Esmeralda et Quasimodo. Une décennie plus tard, des travaux de réfection commençaient...

ce « nombril » de la France est le point à partir duquel toutes les distances entre Paris et les autres villes sont calculées. Un indice pour le trouver : rapprochez-vous de la cathédrale !

4 À droite de la cathédrale, franchissez la grille du square Jean-XXIII, puis empruntez le chemin qui longe la Seine pour rejoindre l'arrière de l'édifice. Quand vous dépassez la grande rosace, observez les statues qui entourent le clocher de Notre-Dame. Arrivez-vous à repérer celle qui se tourne ostensiblement vers la tour★ ?

★ Pour la petite histoire...

Les travaux de réfection furent confiés à l'architecte Viollet-le-

Duc, un homme malicieux qui aimait modifier l'apparence de statues pour s'y représenter... Les 12 statues qui entourent le clocher figurent les 12 apôtres. Pourtant, celui qui se retourne et observe le sommet a les mêmes traits que l'architecte, comme s'il jaugeait son œuvre !

5 Le parc, situé à l'arrière de la cathédrale, offre un autre point de vue sur l'édifice. On peut notamment admirer les arcs-boutants de la nef : ils n'ont jamais été refaits depuis le XIIIe s.

6 Ressortez du parc en empruntant le portillon le plus proche de la cathédrale, celui qui donne sur la rue du Cloître-Notre-Dame. Traversez-la pour rejoindre la rue Chanoinesse. Après quelques dizaines de mètres, la rue des Chantres sur votre droite, étroite et austère, vous permettra de rejoindre l'autre rive de l'île de la Cité. Lorsque vous retrouverez la lumière du jour, juste à l'angle de la rue, l'une des nombreuses plaques vertes disséminées dans Paris vous indiquera d'un trait quelle hauteur avait atteint la Seine en 1910...

7 Le n° 3 de la rue des Ursins est en fait une reproduction d'un bâtiment du Moyen Âge : sa construction date de 1950 ! À cet endroit, le décrochement entre le quai et la rue des Ursins est très visible. Vous vous situez en fait sur l'ancien niveau des berges de la Seine : c'est ici que se trouvait le premier port de Paris, seul point de ravitaillement de la population jusqu'au XIIe s.

8 Poursuivez votre balade le long de la rue des Ursins : l'architecture du n° 15 devrait attirer votre attention... Il s'agit de la chapelle Saint-Aignan, une annexe du séminaire de Paris.

9 Tournez ensuite à gauche dans la rue de la Colombe. Au sol,

Cannibales à leur insu

Au XIVe s., un pâtissier vendait dans la rue Chanoinesse les meilleurs pâtés de la capitale. Sa boutique se trouvait juste à côté de celle d'un barbier... qui, lui, égorgeait ses clients étrangers que personne ne cherchait ! Cette « viande fraîche » était alors cuisinée par le pâtissier pour ses pâtés. Un jour, un étudiant danois vint avec son chien. Il ne ressortit jamais, mais le chien, hurlant au désespoir, refusa de s'éloigner de la vitrine. Au point que les habitants finirent par demander des comptes au barbier, qui avoua son secret ! Les deux hommes furent brûlés vifs et leurs boutiques rasées. C'est l'une des versions de cette histoire, qui alimente le folklore parisien...

avez-vous remarqué un pavage différent sur une petite largeur ? Il se situe au pied du Tambour d'Arcole ! Pour les explications, tournez-vous vers la plaque sur la façade du restaurant. Ensuite, tournez à nouveau à gauche pour retrouver la rue Chanoinesse. Quelques perles, comme l'auberge *Au Vieux Paris d'Arcole*, valent le détour ! Ce n'est pourtant pas ici qu'eut lieu l'histoire la plus marquante de cette rue, mais juste à côté...

10 Il est temps de rejoindre le parvis de Notre-Dame : bifurquez rue Massillon, puis longez la cathédrale par la rue du Cloître-Notre-Dame. Lorsque vous atteignez le parvis, observez-le encore une fois, mais cette fois-ci cherchez plutôt des margelles plus claires qui forment des lignes sur le sol : c'est la taille de l'ancienne rue menant à Notre-Dame ! D'ailleurs, l'Hôtel-Dieu★ situé dans votre dos se trouvait auparavant autour de cette rue. L'établissement hospitalier fut déplacé lors de la restructuration de l'île réalisée par le préfet Haussmann, en 1867.

★ Pour la petite histoire...

L'Hôtel-Dieu est le plus vieil hôpital de Paris, sa construction remonterait au milieu du VIIe s. ! À l'époque où l'édifice s'étendait à la place du parvis, il n'y avait que 300 lits capables d'accueillir jusqu'à... 1 500 malades. Si si, il y avait bien trois malades par lit.

11 Contournez l'Hôtel-Dieu en laissant Notre-Dame derrière vous, tournez à droite et continuez sur la rue de la Cité. En arrivant sur la place Louis-Lépine, faites un tour dans le joli **marché aux fleurs** que fréquentent les Parisiens depuis 1808 *(t.l.j. 8h-19h30)*. Le dimanche, il partage sa place avec le marché aux oiseaux *(dim. 8h-19h)*.

12 Ensuite, direction le palais de Justice, au bout de la rue de Lutèce.

Le boulevard du Palais, un concentré d'Histoire

Devant vous se dressent la Conciergerie, le palais de Justice et la Sainte-Chapelle, un ensemble unique et chargé d'histoire. La Conciergerie fut la première demeure des rois de France, puis la prison où fut enfermée Marie-Antoinette. Dans le palais de Justice, furent élaborées les premières lois de France, et la Sainte-Chapelle accueillit durant des siècles la châsse contenant les reliques du Christ (aujourd'hui conservées à Notre-Dame). Le boulevard du Palais est véritablement le socle de la France, mais aujourd'hui, le vent du renouveau souffle sur son Palais, qui devrait connaître une nouvelle vie, après le transfert du tribunal de grande instance aux Batignolles.

Première horloge publique de Paris

⓭ Vous voici devant les bâtiments les plus chargés d'histoire de Paris !

⓮ Faites un crochet à l'angle de la Conciergerie qui se trouve à droite du palais de Justice : la première horloge publique de Paris★ se dresse fièrement à cet emplacement…

★ Pour la petite histoire…

Charles V eut l'idée de faire installer la toute première horloge publique en 1370. C'est à partir de cette date qu'il fut possible d'exiger des travailleurs du Palais mais aussi du Châtelet, de commencer le travail « à 9 h de l'horloge du Palais ». Pour autant, les habitants n'avaient pas encore l'heure au poignet !

⓯ Poursuivez maintenant votre route dans la direction opposée pour rejoindre le quai des Orfèvres. Sur la façade du palais de Justice côté Seine, vous aurez peut-être repéré les quatre niches dans lesquelles trônent les allégories de la Justice. La Clémence, l'Éloquence, le Droit et la Vérité défilent sous vos yeux, avant que ceux-ci ne rencontrent l'un des plus vieux cadrans solaires. En latin, il clame que si « le temps passe, la justice demeure ».

16 Enfin, le 36, quai des Orfèvres se dresse devant vous.

17 Tournez rue de Harlay pour découvrir une autre facette du tribunal, plus moderne. Une fois devant les grands escaliers, tournez-lui le dos et engagez-vous sur la jolie place Dauphine.

18 Située à l'abri de la foule, elle est bordée de galeries d'art et d'un grand nombre d'immeubles classés (la place est d'ailleurs inscrite au titre des monuments historiques). C'est l'une des dernières étapes de cette balade, un endroit idéal pour faire une petite pause au calme : ***Ma Salle à manger*** remplira toutes les conditions nécessaires pour une halte sympathique et revigorante *(26, pl. Dauphine, 75001 ☎ 01 43 29 52 34 - t.l.j. 9h-22h30. Café : 3 €, soft : 5 € env.).*

19 Rendez-vous au bout de la rue Henri-Robert sur le terre-plein du pont Neuf, où Henri IV se dresse fièrement sur son destrier.

20 Pour terminer cette promenade et si la température le permet, le square situé en contrebas est tout conseillé ! Mais avant de descendre, avez-vous remarqué ces « cadenas de l'amour » accrochés sur les grilles par de romantiques touristes ? Il est maintenant temps de rejoindre le square du Vert-Galant★, l'ultime étape !

Une adresse mythique

Le 36, quai des Orfèvres ou la « Crim' » fut occupé par la préfecture de police de 1800 à 2017. Les stup', la brigade antigang et la brigade criminelle viennent de déménager dans les locaux flambants neufs du quartier des Batignolles. L'adresse était devenue célèbre grâce aux nombreux films tournés ici, mais surtout grâce au commissaire Maigret, héros de l'auteur Georges Simenon, qui apparaît dans quelque 75 romans et 28 nouvelles ! Depuis, une page s'est tournée...

★ Pour la petite histoire...

Le square se trouve 7 m au-dessous du niveau actuel de l'île de la Cité : c'était sa hauteur véritable à l'époque de Lutèce, avant les travaux successifs qui ont peu à peu surélevé l'île.

21 Cette pointe offre une très belle vue sur le Louvre, la coupole de l'Institut de France et le pont des Arts. Savourez !

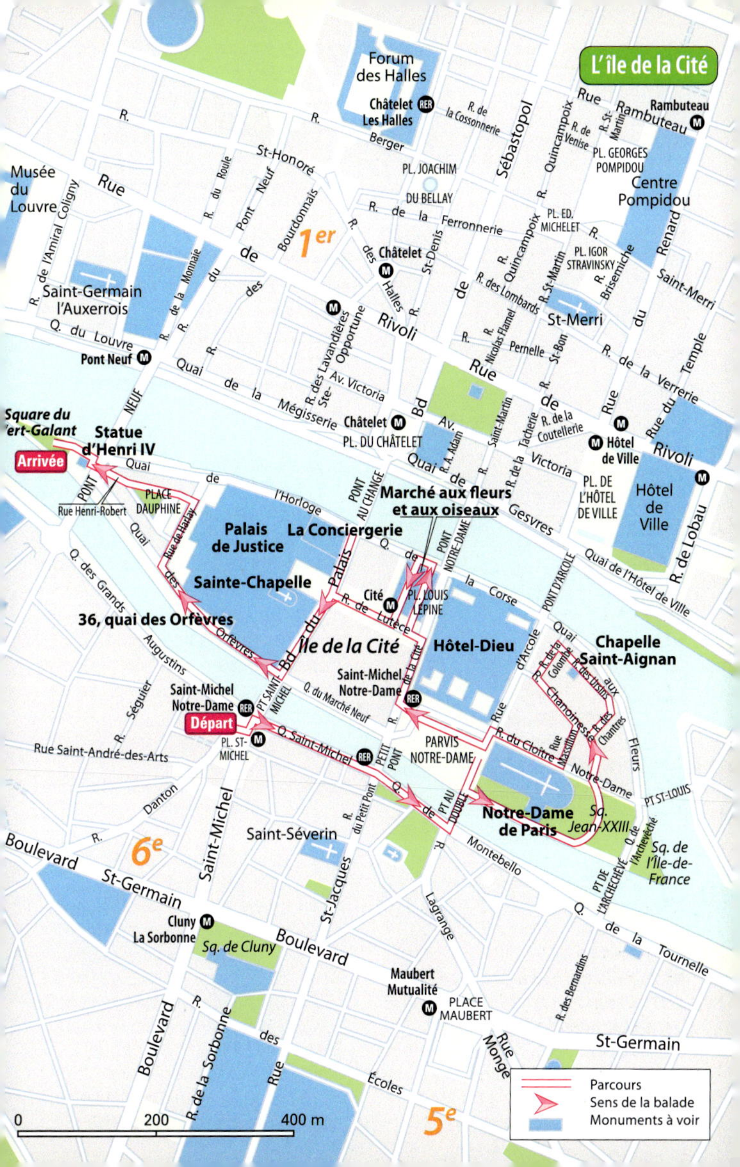

L'île de la Cité
Forum des Halles
Châtelet Les Halles
R. de la Cossonnerie
Sébastopol
Rue Rambuteau
Rambuteau
R. de Venise
R. St-Martin
R. Quincampoix
PL. GEORGES POMPIDOU
Centre Pompidou
R. Berger
St-Honoré
PL. JOACHIM DU BELLAY
R. de la Ferronnerie
PL. ED. MICHELET
R. Renard
PL. IGOR STRAVINSKY
R. Brisemiche
Saint-Merri
Musée du Louvre
Rue de l'Amiral Coligny
R. du Roule
R. Pont Neuf
R. Bourdonnais
1er
Rue de Rivoli
R. des Halles
Châtelet
St-Denis
R. des Lombards
St-Merri
R. de la Monnaie
Saint-Germain l'Auxerrois
Q. du Louvre
Pont Neuf
R. des Lavandières Ste-Opportune
Rue de Rivoli
R. Nicolas Flamel
R. Pernelle
R. St-Bon
R. de la Verrerie
Rue du Temple
Quai de la Mégisserie
Av. Victoria
Châtelet
PL. DU CHÂTELET
Bd Saint-Martin
Av. R. A. Adam
R. de la Tacherie
R. de la Coutellerie
Rue du Renard
Hôtel de Ville
Square du Vert-Galant
Statue d'Henri IV
Arrivée
PONT NEUF
Quai de l'Horloge
PONT AU CHANGE
Quai de Gesvres
Marché aux fleurs et aux oiseaux
Victoria
PL. DE L'HÔTEL DE VILLE
Hôtel de Ville
Rue Henri-Robert
PLACE DAUPHINE
Rue de Harlay
Palais de Justice
La Conciergerie
PONT NOTRE-DAME
Q. de la Corse
PONT D'ARCOLE
Quai de l'Hôtel de Ville
R. de Lobau
Quai des Orfèvres
Q. des Grands Augustins
Sainte-Chapelle
Bd du Palais
Cité
R. de Lutèce
PL. LOUIS LÉPINE
36, quai des Orfèvres
Île de la Cité
R. de la Cité
Hôtel-Dieu
Rue d'Arcole
R. de la Colombe
R. des Ursins
Quai aux Fleurs
Chapelle Saint-Aignan
R. Séguier
Saint-Michel Notre-Dame
PT SAINT-MICHEL
Q. du Marché Neuf
Saint-Michel Notre-Dame
Départ
PL. ST-MICHEL
Rue Saint-André-des-Arts
Q. Saint-Michel
PETIT PONT
PARVIS NOTRE-DAME
R. du Cloître Notre-Dame
Rue Massillon
Chanoinesse
R. des Chantres
PT ST-LOUIS
R. Danton
Bd Saint-Michel
R. du Petit Pont
Q. de Montebello
PT AU DOUBLE
Notre-Dame de Paris
Sq. Jean-XXIII
Q. de l'Archevêché
Sq. de l'Île-de-France
6e
Saint-Séverin
R. St-Jacques
R. Lagrange
PT DE L'ARCHEVÊCHÉ
Boulevard St-Germain
Cluny La Sorbonne
Sq. de Cluny
Q. de la Tournelle
Maubert Mutualité
PLACE MAUBERT
R. des Bernardins
St-Germain
Boulevard Saint-Michel
R. de la Sorbonne
Rue des Écoles
Rue Monge
5e
0
200
400 m
Parcours
Sens de la balade
Monuments à voir

11 Du Jardin des plantes À MOUFFETARD

Situé à la lisière du 13e, le 5e arrondissement recouvre la presque totalité du Quartier latin. Sa création remonte au temps des gallo-romains, ce qui en fait l'un des plus anciens quartiers de la capitale. En le traversant depuis le Jardin des plantes jusqu'à la place du Panthéon, les époques se succèdent, de monuments antiques en lieux d'exception, comme les arènes de Lutèce ou la Grande Mosquée de Paris… Et en creux se dessine l'histoire de la Ville, qu'il sera ainsi facile d'appréhender tout en flânant entre ruelles escarpées et espaces verts.

Départ : métro ou RER Gare-d'Austerlitz, sortie Boulevard de l'Hôpital.

Durée : 1h30 environ.
Voir plan p. 94-95.

1 Traversez le boulevard de l'Hôpital pour rejoindre le Jardin des plantes : plutôt que d'emprunter l'entrée principale côté Seine, choisissez celle qui se trouve devant vous, au niveau du grand bâtiment de briques rouges qui abrite les galeries de paléontologie et d'anatomie comparée. Après être passé devant le mammouth et le dinosaure, restez sur la droite pour retrouver l'entrée principale : vous pourrez ainsi, au choix, déambuler sur l'allée centrale et admirer les fleurs, ou alors pousser un peu plus loin et choisir le chemin plus ombragé qui longe la Ménagerie et les Grandes Serres. Troisième hypothèse : entre les deux se trouve une sorte de jardin où des plantations sont accessibles au public afin

Un terrain d'étude pour les herboristes

Le Jardin des plantes ouvre en 1635, à l'instigation des médecins de Louis XIII qui souhaitaient, à travers ce lieu, permettre aux élèves en médecine et en pharmacie d'étudier l'herboristerie. Au fil des décennies, la « plantothèque » s'étoffe, puis un « droguier du roi » est aménagé pour stocker les médicaments de son Altesse. À l'époque de sa création, l'idée d'un tel jardin était une première, ce qui en fait l'un des plus vieux musées d'Histoire naturelle au monde !

de parfaire ses connaissances en botanique ! Bref, vous avez compris : ce début de parcours est ouvert, le tout est de rejoindre l'imposant édifice qui fait face à l'entrée principale et qui abrite la Grande Galerie de l'Évolution.

2 Contournez le Muséum par la gauche et sortez du jardin. Traversez ensuite la rue Geoffroy-Saint-Hilaire pour vous diriger vers la Grande Mosquée de Paris : vous reconnaîtrez l'entrée de son café à la jolie porte de style

Grande Galerie de l'Évolution

Un hommage aux morts de la Première Guerre mondiale

Plus de 100 000 musulmans tombèrent pour la France entre 1914 et 1918. Pour honorer leur mémoire, la République fit construire cette superbe mosquée entre 1922 et 1926. Les architectes français, désignés pour cette tâche, veillèrent à respecter rigoureusement le style hispano-mauresque et dressèrent un minaret carré de 33 m de haut, comme ceux du Maghreb. Ils furent secondés dans leur travail par des centaines d'artisans maghrébins. N'hésitez pas à entrer pour admirer les magnifiques patios et la végétation abondante.

arabo-andalou surmontée de tuiles vertes. Longez ce mur côté rue Daubenton, et continuez à le suivre rue Georges-Desplas pour atteindre l'entrée principale de la mosquée et son minaret.

3 Laissez maintenant la mosquée dans votre dos et longez le petit square Robert-Montagne situé au centre de la place. Tournez à gauche rue Larrey, où une agréable maison fait face à la belle entrée d'une cité. Lorsque vous aurez rejoint la rue Daubenton, piquez à droite et continuez votre chemin jusqu'à ce que vous retrouviez l'animation de la rue Monge. Traversez au passage piéton situé sur la gauche et descendez la rue Monge. Après le marchand de fleurs, une église apparaît sur votre droite : empruntez la rue Censier pour la rejoindre. L'entrée de l'église Saint-Médard★ se trouve en bas de la rue Mouffetard. Rejoignez-la, et surtout n'hésitez pas à visiter l'intérieur : son décor est plus complexe que ne le laisse présumer sa façade...

★ Pour la petite histoire...

Imaginez un cimetière où des personnes se jetteraient au sol avec des convulsions, se feraient fouetter ou battre à coups de bûche sur la tombe d'un janséniste afin de guérir miraculeusement... Cela s'est passé dans le cimetière qui se tenait à la place de l'église Saint-Médard ! Au point qu'en 1732, les autorités durent interdire de manière définitive son accès.

4 Il est temps d'entamer l'ascension de la rue Mouffetard ! Cette dernière se partage en deux : sur la première partie, qui est piétonne, se trouvent beaucoup de commerces alimentaires où se ravitaillent les habitants du quartier. La seconde partie, où se succèdent nombre de restaurants, ressemble un peu plus à un attrape-touristes. Devinez où nous allons bifurquer...

Place de la Contrescarpe

Ça *moffe* à Mouffetard...

La Bièvre, rivière recouverte depuis 1912, passait par ici pour rejoindre la Seine. S'étaient installés sur ses rives teinturiers, tanneurs et bouchers qui se servaient du cours d'eau pour travailler le cuir pour les uns, et y jeter des carcasses de viande pour les autres ! De fait, une odeur insoutenable avait imprégné le quartier. D'où le lien avec les « moffettes », ces exhalaisons pestilentielles... C'est une des versions de l'origine du nom « Mouffetard », qui pourrait n'être, en réalité, qu'un simple dérivé de l'ancien nom de la voie « Mont Cétard ».

5 Mais avant cela, n'oubliez jamais de lever les yeux, et ce, dès le début ! Par exemple, au n° 134, une superbe façade de style baroque, réalisée par un artiste italien au XVIIe s., permit son classement à l'immeuble. Plus loin au-dessus du supermarché, dénichez la petite enseigne, qui n'a pas changé depuis sa pose à la fin du XVIe s. et indiquait à l'époque l'emplacement d'un puits chez... un marchand de vin !

6 Continuez votre chemin dans la rue piétonne, et n'hésitez pas à vous imprégner de l'ambiance de la Mouff', en vous arrêtant dans l'un des bistrots les plus typiques du coin, fréquenté par des habitués : ***Le verre à pied*** *(118 bis, rue Mouffetard, 75005 ☎ 01 43 31 15 72 - Mar.-sam. 9h-22h, dim. 9h30-16h, f. 1er janv.,*

lun. de Pâques et 25 déc. Formule déjeuner (sem.) : 16,50 €, verre de vin : 3,50-6,50 €). Après avoir dépassé la rue de l'Arbalète et le square Vermenouze, ne manquez pas le discret passage des Postes, caché derrière une terrasse de bar sur votre gauche. C'est ici que vous tournez ! À la sortie du passage, prenez à droite pour rejoindre une jolie placette. Avez-vous repéré ces étranges sculptures sur le mur ? Elles rendent hommage aux travailleurs du cuir des siècles passés !

7 Continuez votre chemin en prenant la rue Lhomond, à gauche de la place. Le prochain croisement mérite toute votre attention. Avez-vous remarqué cette étrange barre de fer en hauteur★ ?

Rue Rataud

★ Pour la petite histoire...

Située au-dessus de la bien nommée rue Rataud, cette barre agrémentée de crochets servait à accrocher une herse pour interdire l'accès à un cimetière de pestiférés !

8 Tournez le dos à cette barre, et descendez la rue du Pot-de-Fer : cet ancien sentier viticole vous ramène sur la rue Mouffetard.

9 La balade continue rue Ortolan : longez la caserne de la Garde républicaine, dont l'entrée se trouve sur la place Monge, que vous rejoignez. Retrouvez ensuite la rue Monge : prenez à gauche et, lorsque la rue de Navarre se dévoile, empruntez-la. Quelques dizaines de mètres plus haut, elle vous offrira une entrée plongeante dans les arènes de Lutèce ! Au choix, vous pourrez alors soit vous rendre au cœur des arènes, soit prendre du champ en suivant le chemin qui part à droite de l'entrée directement après le portail de la rue de Navarre. Dans ce cas, vous aurez une vue d'ensemble des arènes.

10 Pour redescendre au cœur des arènes de Lutèce★, ne faites pas demi-tour : continuez à les contourner ; quelques marches d'escaliers situées à l'opposé de l'entrée que vous avez empruntée vous permettront d'y accéder. À ce niveau, ne manquez pas les grilles sous les gradins...

C'est ici qu'étaient retenus les fauves et les ours ! Et cette fois-ci, sortez des arènes par l'accès situé sous les immeubles de la rue Monge, à droite de l'entrée.

★ Pour la petite histoire...

Lors des travaux de restauration, 21 squelettes humains ont été déterrés. Les plus récents dateraient du VIIIe ou IXe s., et, si la grande majorité avait une taille avoisinant 1,60 m, l'un d'entre eux mesurait... 2,10 m : un géant pour l'époque !

⑪ Une fois ressorti des arènes, traversez la rue Monge vers la gauche et rejoignez la rue Rollin, qui commence par un bel escalier. Dans cette rue en cul-de-sac vécurent quelques personnalités, dont Descartes au n° 14. Au bout, la rue du Cardinal-Lemoine vous permet de rejoindre la fameuse place de la Contrescarpe sur la gauche. Tout autour sur les hauteurs des immeubles, de vieilles enseignes★ ornent les façades : l'une d'entre elles provoquerait un scandale de nos jours, devinez laquelle !

★ Pour la petite histoire...

Elle était très sobre, l'enseigne du cabaret *La Pomme de Pin* ! Situé au-dessus du n° 1, le cabaret était le repaire de Ronsard, Rabelais et du Bellay, qui s'y retrouvaient pour disserter de la langue française... entre autres !

⑫ Reprenez le chemin de la rue Mouffetard, puis bifurquez à droite rue Thouin, pour retrouver la rue du Cardinal-Lemoine. Sur cette portion, n'hésitez pas à jeter un œil dès qu'une porte cochère s'entrouvre, ou à travers les grilles de certaines entrées... elles réservent des surprises ! Plus précisément, scrutez les nos 77, 75 (l'hôtel des Grandes Écoles), 71 et 69 (à travers les grilles).

⑬ Remontez ensuite la rue Clovis, qui dévoile sur son chemin un pan du mur d'enceinte de Philippe-Auguste (le remarquerez-vous ?). Vous avez presque atteint

La « montagne » Sainte-Geneviève

Montagne ? Certes, c'est le point culminant de la rive gauche : 61 m d'altitude... Mais c'est surtout le berceau de la ville romaine, détruite par les barbares au IIIe s., qui laissa place, au Moyen Âge, à un paysage champêtre, où restaient quelques églises. Celles-ci abritèrent les premières écoles abbatiales qui marquèrent le retour de la population et le début de la propagation des collèges et universités encore présents dans ce quartier, comme la Sorbonne ou le lycée Henri-IV.

le sommet de la montagne Sainte-Geneviève !

⑭ Au croisement de la rue Clovis et de la rue Descartes, le clocher de la chapelle Sainte-Geneviève émerge de l'enceinte du lycée Henri-IV : c'est tout ce qu'il reste de l'abbaye de la sainte patronne des Parisiens. Sur la gauche dans la rue Descartes, un grand arbre bleu habille une façade aveugle : tournez-lui le dos, descendez la rue sur quelques mètres, puis empruntez la minuscule rue Saint-Étienne-du-Mont. Étroite, elle débouche sur l'église du même nom, qui s'ouvre sur la place du Panthéon, majestueux point final de la balade ! Mais si vous le souhaitez, la rue Soufflot et ses cafés d'étudiants vous attendent aussi.

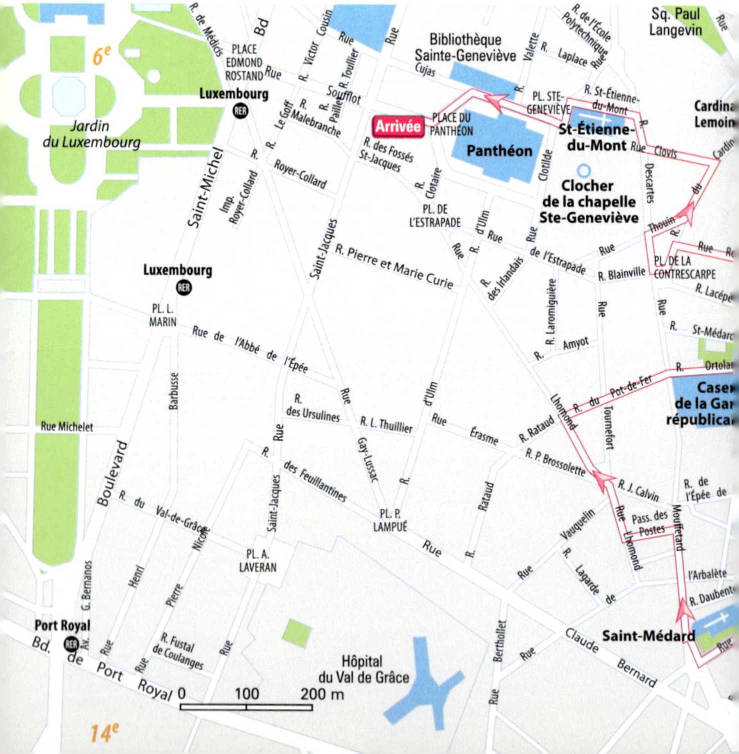

De panthéonisation en dépanthéonisation

L'édifice devait, selon le vœu de Louis XV, être une église. Mais les travaux ne prirent fin qu'en 1790… une date peu favorable aux monuments religieux ! Les révolutionnaires en firent alors un temple pour les grands hommes de la liberté. Mirabeau fut le premier résident, mais il se fit expulser par Marat, qui n'y resta pas non plus… Au début du XIXe s., le Panthéon redevint église, puis Panthéon, et navigua ainsi jusqu'aux funérailles de Victor Hugo en 1885, où l'on s'accorda enfin pour destiner l'édifice aux grands personnages de la Nation.

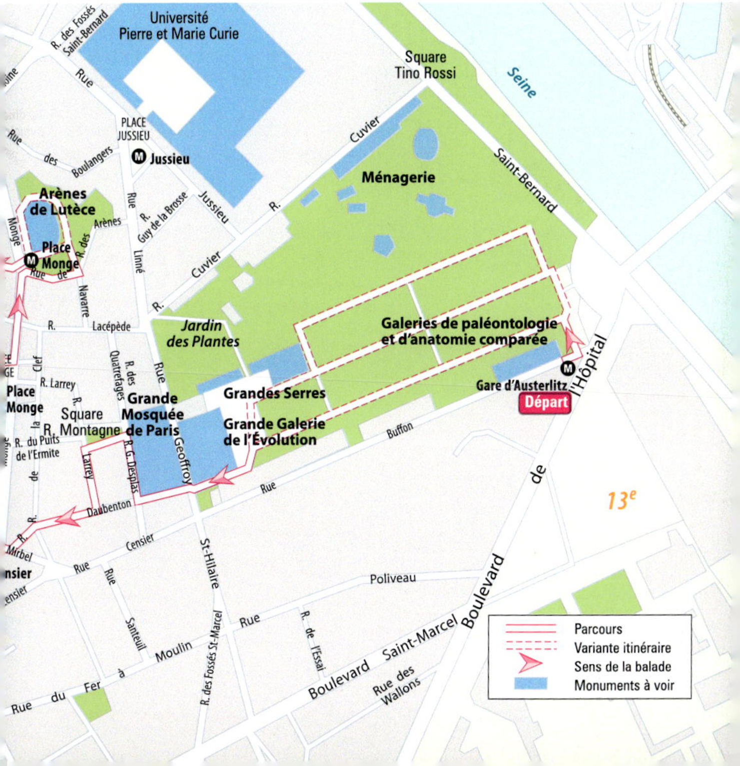

12 Les prés DE SAINT-GERMAIN

Le quartier Saint-Germain était le cœur de la vie littéraire et artistique de Paris à l'époque de Jean-Paul Sartre, Simone de Beauvoir ou Boris Vian. Même si l'esprit philosophique, polémique et fantaisiste qui régnait alors dans les rues et les cafés n'est plus aussi prégnant, il reste des réminiscences de ce passé, notamment à travers ces lieux où artistes et intellectuels se réunissaient. Avec ses magnifiques places et ruelles, son jardin du Luxembourg apaisant et sa multitude de boutiques et de petits cafés, le quartier est propice aux balades en douceur.

Départ : sortie du métro Saint-Michel, rue Danton, à droite de la fontaine Saint-Michel.

Durée : 2h environ.
Voir plan p. 103.

1 Cette promenade débute sous les arcades situées tout près du kiosque à journaux : elles vous mènent à la rue de l'Hirondelle★. L'odeur n'est certes pas très engageante à cet endroit, mais dévalez vite les escaliers et ce ne sera plus qu'un mauvais souvenir !

★ Pour la petite histoire...

Au 20, rue de l'Hirondelle, vous avez peut-être remarqué ce drôle de bas-relief au-dessus de la porte. C'était l'adresse du procureur Dumas au XVIIe s. Dans le quartier, personne ne l'aimait... Il faut dire, sacrilège pour l'époque, qu'il ne se rendait pas à la messe et pratiquait l'alchimie et l'observation des astres ! L'homme s'enfermait régulièrement dans son grenier pour y travailler. Mais le 31 décembre 1700, il poussa un cri qui fit accourir ses enfants. Surprise : le grenier était vide, l'homme avait disparu, comme envolé ! Le mystère resta entier des années, jusqu'à ce qu'on retrouve son corps momifié dans le sous-sol de l'immeuble : il y avait une trappe cachée à l'angle du grenier, reliant le sous-sol par un conduit !

2 Depuis la rue Gît-le-Cœur, rejoignez à gauche la rue Saint-André-des-Arts. Laissez le boulevard Saint-Michel derrière vous, et profitez de l'ambiance de cette rue, où les jolies devantures se succèdent. Vous tournerez sur la droite dans la rue des Grands-Augustins. Il y a dans ce passage une jolie cour décorée bien agrémentée par le

Restaurant *Roger la grenouille*

restaurant qui l'occupe, *Roger la grenouille* : tout est dans le nom !

3 Au bout de la rue Christine se trouve le passage Dauphine. Poussez la grille, traversez-le pour rejoindre la rue Mazarine. Si vous avez envie d'une pause, le salon de thé ***L'Heure Gourmande*** vous tend les bras ! *(22, passage Dauphine, 75006 - ☎ 01 46 34 00 40 Lun. 11h30-15h, mar.-dim. 11h30-19h - Thé : 6-7 €, brunch t.l.j. jusqu'à 17h).*

4 Tournez à gauche, dans la rue Mazarine. À la prochaine intersection, repartez sur la gauche dans la rue Saint-André-des-Arts. Vous apercevrez très vite les grilles de la cour du Commerce-Saint-André.

5 En face du *Procope*★ se dresse un portail qui cache la magnifique cour de Rohan, malheureusement fermée aux visiteurs. Plusieurs bâtiments construits à cet endroit étaient des cadeaux de Henri II à sa maîtresse Diane de Poitiers.

★ Pour la petite histoire...

C'est au *Procope*, café-restaurant ouvert en 1686 par le Sicilien Francesco Procopio, qu'aimaient se retrouver les hommes de lettres. Ils appréciaient particulièrement une nouvelle boisson venue d'Orient, « stimulante pour l'esprit », le *kawha*. Autrement dit... le café !

Cour du Commerce-Saint-André

❻ Ressortez de la cour du Commerce-Saint-André à son autre extrémité : vous arriverez sur la place Henri-Mondor.

❼ Rejoignez alors le boulevard Saint-Germain sur votre droite : visez le n° 134, qui se trouve juste en face du cinéma *MK2 Odéon*, puis suivez les numéros dans l'ordre croissant. La rue Grégoire-de-Tours, un peu plus loin à droite, vous guidera jusqu'à la rue de Buci et un joli carrefour toujours animé.

❽ Le marché de Buci, qui se tient tous les matins sauf le lundi, est l'un des plus anciens de la capitale. Il est impossible de dater exactement son apparition, mais on sait qu'il existait déjà au Moyen Âge. Traversez la rue de Seine, où se trouve le marché, et restez sur la rue de Buci jusqu'à ce que la toute petite rue de Bourbon-le-Château apparaisse. Empruntez-la, ignorez la rue de

Les grands esprits se rencontrent

La cour du Commerce était l'adresse du député Guillotin, qui défendit le droit à une peine de mort unique pour tous les condamnés à la tribune de l'Assemblée constituante. Fini les tortures, vive la peine de mort propre : un grand pas en avant pour l'époque ! Contrairement à ce qui se dit, son rôle s'arrêta à cette déclaration, puisque l'inventeur de la guillotine est Antoine Louis, un médecin légiste. Pour l'étude des matériaux, il se fit aider par un menuisier allemand, Schmidt. Les tests, réalisés sur des bottes de paille puis sur des moutons, furent effectués ici-même.

l'Échaudé (qui est le nom d'une pâtisserie et non d'une torture, dans ce cas précis !) pour lui préférer la rue Cardinale à droite. Cette dernière débouche sur la rue de Furstemberg, qui comporte sur la gauche l'une des plus jolies placettes de Paris, odorante et colorée au printemps grâce aux paulownias qui l'ornent.

9 Delacroix vivait et peignait ici, un musée lui est d'ailleurs consacré sur la place à droite. N'hésitez pas à jeter un coup d'œil au passage à la jolie cour intérieure. Ensuite, traversez la place, puis tournez à droite rue de l'Abbaye. Elle vous mènera sur la place Saint-Germain-des-Prés, où se trouve l'une des plus vieilles églises de France.

10 Devant l'église, ne manquez pas les plus célèbres cafés de Paris : *Les Deux Magots*, le *Café de Flore* puis en face, la brasserie *Lipp*, un véritable triangle d'or ! Ces adresses sont depuis des décennies le lieu de rendez-vous des éditeurs, écrivains, artistes et politiques.

11 Et maintenant, direction la place du Québec sur le trottoir d'en face, toujours sur le boulevard Saint-Germain. Vous la reconnaîtrez à sa fontaine particulière, justement offerte par la province canadienne : le sol semble se soulever comme le fait la glace qui se brise sous la pression des eaux. Un phénomène courant chez nos cousins francophones, qui supportent des hivers beaucoup plus rudes que les nôtres !

Église Saint-Germain-des Prés

12 Empruntez la rue Bonaparte puis, à la première intersection, tournez à gauche rue du Four. Ne manquez pas ce drôle de mouton sur la façade du n° 24. Ensuite, délaissez le mouton pour les Canettes, une rue qui n'a pas changé depuis le XIIIe s. Son nom provient certainement du bas-relief qui orne la façade du n° 18, où quatre canettes batifolent dans l'eau. Si vous avez envie de faire une halte, cette rue est l'endroit idéal : de nombreux bars et cafés y ont élu domicile !

13 Engouffrez-vous dans la rue Guisarde, qui vous dévoilera une boutique d'un autre temps, *Au Plat d'Étain*, où les figurines de plomb jouent du coude en vitrine...

14 Au bout de la rue, vous vous trouverez nez à nez avec le marché Saint-Germain. Sous des faux airs gallo-romains, ce marché entièrement rénové abrite des grandes marques de prêt-à-porter. Continuez votre chemin en direction de l'église Saint-Sulpice, que vous apercevrez déjà sur la droite, au bout de la rue Mabillon. Mais avant d'atteindre la place, imaginez, en face du n° 36, le défilé des curés traversant la rue pour passer de la porte de l'église à celle de l'une des maisons closes du quartier, qui se situait au n° 36 rue Saint-Sulpice, *Chez miss Betty...* Faites ensuite repentance aux nos 8 et 10 de la place, où se trouve la dernière boutique qui vend encore des « saint-sulpiceries », ces objets religieux délicieusement affreux et ringards... Allez, il est temps de rendre visite à celle qui inspira ces objets, l'imposante église Saint-Sulpice★ !

★ Pour la petite histoire...

En 1799, l'église fut transformée en salle de banquet : Bonaparte invita 750 convives pour un immense gueuleton, trois jours avant le coup d'État du 18 brumaire !

15 Contournez maintenant l'église en empruntant sur sa gauche la rue Palatine. Prenez ensuite la

Un sol aux propriétés... desséchantes

L'église Saint-Sulpice est asymétrique : la tour sud (à droite lorsqu'on se trouve en face) n'a jamais été terminée et fait 5 m de moins que l'autre. Dans les années 1800, les deux tours abritaient des télégraphes : on pouvait joindre Strasbourg de la tour nord, Lyon et Toulon depuis la tour sud ! Enfin, la crypte de l'église servit, entre 1743 et 1793, de cimetière. On estime à 5 000 le nombre de corps entreposés sous vos pieds. Le sol était apprécié car il avait la propriété de conserver les corps en les desséchant scrupuleusement !

Place Saint-Sulpice

rue Garancière afin de retrouver la rue Saint-Sulpice, où vous étiez il y a quelques instants. Laissez l'église derrière vous, et filez tout droit. Lorsque vous atteindrez la rue de Condé, piquez à droite et montez jusqu'à la rue Crébillon, à gauche sur la patte-d'oie : elle débouche sur la place de l'Odéon où trône le Théâtre de l'Europe★.

★ Pour la petite histoire...

Le Théâtre de l'Odéon a vécu de près les émeutes de mai 1968 : les étudiants s'y réfugièrent lors des affrontements avec les forces de l'ordre et utilisèrent les accessoires des comédiens pour se protéger.

16 Empruntez la rue Rotrou, vous déboucherez ainsi sur l'une des entrées du jardin du Luxembourg★. Ce parc est le point de rendez-vous de tous les Parisiens en quête d'un carré de verdure ou d'une aire de jeux ! Une fois passé les grilles, ne manquez pas sur votre gauche la magnifique fontaine Médicis. Une multitude de statues sont disséminées

Assis au théâtre, du jamais-vu

L'ancien Théâtre de l'Odéon, aujourd'hui Théâtre de l'Europe, a été construit en 1770 pour la troupe de la Comédie-Française. L'édifice, achevé en 1782, flambe quelques années plus tard, en 1799, pour renaître de ses cendres neuf ans après. Jusqu'à cette date, le public assistait aux représentations debout. C'est ici que furent installés pour la première fois des bancs devant la scène. Des dossiers furent même ajoutés en 1826, le grand luxe !

Le Luxembourg, « Luco » pour les intimes

Le palais du Luxembourg doit sa présence à une commande de Marie de Médicis qui, s'ennuyant au Louvre après la mort d'Henri IV, voulut bâtir un palais d'inspiration florentine, lui rappelant son enfance. Sous la Révolution, le palais devint une prison, puis fut attribué aux hommes de loi. C'est ici que Talleyrand et Bonaparte fomentèrent leur coup d'État du 18 brumaire. Aujourd'hui, les sénateurs y examinent les lois, dans un hémicycle dont les fauteuils ont des tailles variables : à l'origine, ils avaient été fabriqués sur mesure pour leurs occupants !

dans cet immense parc, mais nous nous contenterons de faire face au palais du Luxembourg. Rejoignez le grand bassin, où flottent souvent des maquettes de voiliers : depuis cet endroit, vous pouvez embrasser toute la façade du palais !

Palais du Luxembourg

★ Pour la petite histoire...

En 1805, un nouveau métier apparaît au jardin du Luxembourg : les chaisières. Ces femmes sont chargées de louer les chaises aux promeneurs : il faut désormais payer pour s'asseoir. Le paiement est toutefois suspendu à l'heure de la pause déjeuner, pour éviter de faire fuir les ouvriers. Mais la coutume ne prendra jamais : resquilleurs et insolents sont nombreux, et les chaisières se font constamment malmener... En 1974, la pratique disparaît, alors qu'elle perdure encore chez nos voisins britanniques !

17 Cette promenade s'arrête ici, sur les jolies chaises du Luco ! Si vous faites cette visite au moment d'une exposition de photographies sur les grilles du Luxembourg, du côté de la rue de Vaugirard, ne la manquez pas : il y en a généralement deux par an, elles durent trois mois chacune et reviennent sur des faits historiques ou de société en une centaine de magnifiques clichés.

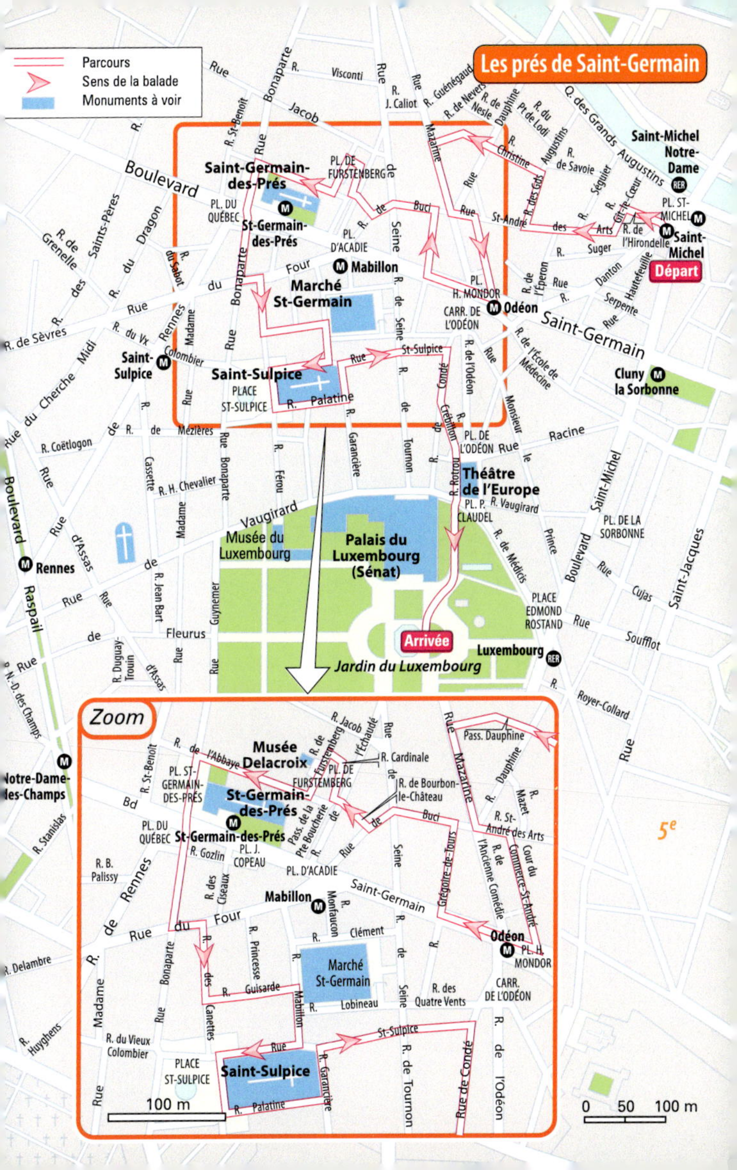
Les prés de Saint-Germain
Parcours
Sens de la balade
Monuments à voir
Saint-Michel Notre-Dame
PL. ST-MICHEL
Saint-Michel
Départ
Saint-Germain-des-Prés
St-Germain-des-Prés
PL. DE FURSTENBERG
PL. DU QUÉBEC
PL. D'ACADIE
Mabillon
Marché St-Germain
Saint-Sulpice
PLACE ST-SULPICE
PL. H. MONDOR
CARR. DE L'ODÉON
Odéon
Cluny la Sorbonne
PL. DE L'ODÉON
Théâtre de l'Europe
PL. P. CLAUDEL
Musée du Luxembourg
Palais du Luxembourg (Sénat)
PL. DE LA SORBONNE
PLACE EDMOND ROSTAND
Arrivée
Luxembourg
Jardin du Luxembourg
Rennes
Notre-Dame-des-Champs
Zoom
Musée Delacroix
PL. ST-GERMAIN-DES-PRÉS
PL. J. COPEAU
Pass. Dauphine
5e
100 m
0 50 100 m

13 Du Palais Bourbon AU QUAI BRANLY

Valse des voitures aux vitres teintées, drapeaux français qui flottent au vent sur les façades, une multitude d'édifices prestigieux… Le 7e arrondissement est LE cœur politique de la capitale ! Et pourtant… À l'époque médiévale, on y trouvait surtout des villageois vivant dans d'agréables maisonnettes. Le quartier se densifia au XVIIe s. avec la construction des Invalides et de l'École militaire, attirant des familles modestes dans le quartier populaire du Gros-Caillou. Les Expositions universelles furent accompagnées d'une belle spéculation immobilière et les petits logements laissèrent place aux luxueux immeubles que vous croiserez sur ce parcours.

Départ : métro Assemblée-Nationale, sortie Assemblée nationale.

Durée : 1h40 au maximum.
Voir plan p. 110-111.

❶ La station Assemblée-Nationale vous dépose sur le boulevard Saint-Germain : quittez-le immédiatement pour rejoindre la rue de Courty. Tournez ensuite à droite dans la rue de l'Université, tout en longeant le mur qui abrite un parc. Après la placette triangulaire, vous vous trouverez sur une place autrement symbolique : celle du Palais-Bourbon. Vous voilà devant une entrée que l'on voit souvent au journal de 20h… Il s'agit de l'Assemblée nationale★ !

Une assemblée démocratique dans un palais d'aristo

Entre 1789 et 1963, plus de 80 projets furent étudiés pour choisir un site à l'Assemblée nationale. Il aurait été logique qu'un édifice neutre accueille ce parlement… Pourtant, le 17 juin 1789, les députés du tiers état élisent domicile au palais Bourbon, qui était la propriété de Louise-Françoise de Bourbon, fille légitime de Louis XIV et de Mme de Montespan. Une implantation souvent remise en cause, sans jamais passer à l'acte !

★ Pour la petite histoire…

Le 9 décembre 1893, un anarchiste s'infiltre dans l'Assemblée pour faire exploser une bombe à clous dans l'hémicycle, blessant plusieurs députés. Pas démonté, le président de la Chambre, Charles Dupuy, lança à la tribune : « Messieurs, la séance continue ! » L'anarchiste, lui, fut envoyé à l'échafaud un an plus tard.

2 Contournez la statue située au milieu de la place pour lui faire face, puis continuez votre chemin rue de Bourgogne. Après avoir croisé la rue Saint-Dominique que vous retrouverez plus tard, ne manquez pas l'entrée entièrement boisée du nº 10 !

3 Vous saurez qu'il est temps de changer de rue lorsque le clocher de la basilique Sainte-Clotilde se dressera sur votre gauche. Rejoignez-la. En route, vous passerez devant la chapelle de Jésus-Enfant (au nº 29), dont le style est inspiré du City Hall de l'abbaye de Westminster à Londres.

4 Imposante, la basilique au style néogothique se dresse sur une jolie place. N'hésitez pas à la visiter, car sous ses flèches hautes de 70 m se cache un décor composé de nombreux vitraux et sculptures, ainsi qu'un orgue signé Cavaillé-Coll, dont les spécialistes disent

Basilique Sainte-Clotilde

qu'il est l'un des plus remarquables pour la qualité de ses timbres.

5 Pour continuer la promenade, passez devant la basilique et contournez-la par la rue Casimir-Perier. Lorsque vous aurez rejoint la rue de Grenelle, tournez à droite. Vous croiserez la jolie cité Martignac au niveau du n° 111, puis plongerez à gauche rue de Bourgogne au croisement suivant. Entre les devantures de boutiques très chics, ne loupez pas les façades comprises entre les nos 46 et 50... Plus travaillées que les autres, elles cachent une succession d'hôtels particuliers édifiés peu de temps avant la Révolution. Au bout de la rue de Bourgogne, un long mur protège le jardin du musée Rodin. Vous aurez l'occasion d'apercevoir le parc et certaines œuvres du maître qui y sont exposées, un peu plus loin à droite en parcourant la rue de Varenne.

6 La rue de Varenne débouche sur le grand boulevard des Invalides. Partez à gauche, longez le jardin du musée Rodin et traversez, avenue de Tourville, pour rejoindre la coupole des Invalides★. Pour cela, passez la grille et pénétrez dans les jardins. Vastes et calmes, ils offrent un superbe point de vue sur l'édifice.

Un musée du vivant de Rodin

Au début du XXe s., l'hôtel Biron, menacé de destruction, fut finalement partagé en ateliers d'artistes, qu'occupèrent Isadora Duncan, Matisse ou Cocteau. L'écrivain Rainer Maria Rilke fit découvrir l'endroit à Rodin qui y amassa ses œuvres ! Lorsque l'État acquit le domaine en 1911, l'artiste persuada les autorités de transformer l'hôtel en un musée qui lui serait consacré. Quelques années plus tard, le projet fut validé et Rodin fit, en échange, donation de ses œuvres à l'État. Il participa à l'agencement du lieu, mais mourut deux ans avant l'ouverture du musée, en 1919.

★ Pour la petite histoire...

Au cœur de l'église du Dôme, une immense excavation accueille le

Musée Rodin

Prendre en charge les invalides de guerre...

L'hôtel des Invalides est une volonté de Louis XIV qui souhaitait un établissement remplissant à la fois les fonctions d'hôpital, d'hospice, de caserne et de monastère. Entre son ouverture en 1673, et jusqu'en 1793, le bâtiment accueillit plus de 110 000 invalides de guerre, blessés au service du roi. Ces anciens combattants étaient soignés et découvraient un métier en participant aux tâches (cordonniers, maçons, vignerons...). Aujourd'hui, il existe encore un hôpital pour les retraités et invalides des armées françaises.

tombeau de Napoléon Ier. Long de 4 m, large de 2 m et haut de 5 m, cet imposant tombeau en porphyre rouge renferme les différents cercueils dans lesquels reposerait Napoléon Bonaparte : un cercueil de fer-blanc, lui-même enfermé dans quatre autres cercueils, un en acajou, deux en plomb et un en ébène !

7 À gauche de la coupole lorsque vous vous trouvez en face du bâtiment, empruntez le chemin qui vous permet de rejoindre la cour intérieure en passant sous les arcades (le corridor de Nîmes), vous pourrez admirer l'architecture de ce lieu grandiose.

8 Ressortez à l'autre bout de la cour intérieure, empruntez l'allée principale du jardin et repérez la tour Eiffel sur votre gauche : c'est cette direction que vous prendrez après avoir franchi la grille des Invalides. Rejoignez la rue de Grenelle, elle se trouve tout droit après le restaurant qui fait l'angle.

9 Traversez le boulevard de la Tour-Maubourg, continuez jusqu'au joli square du même nom sur la gauche, le long de la rue de Grenelle. Quelques mètres plus loin, une toute petite maison à colombages devrait attirer votre regard : elle se situe dans

Hôtel des Invalides

l'enceinte de l'église luthérienne Saint-Jean, une petite poche de sérénité et de verdure au milieu des immeubles haussmanniens !

10 La curiosité suivante se trouve précisément au n° 151 de la rue de Grenelle★ : observez la superbe porte Art nouveau et surtout ses ferronneries... Il s'agit du premier immeuble réalisé par l'architecte Jules Lavirotte en 1898. Vous allez croiser d'autres édifices de sa confection sur la fin du parcours.

★ Pour la petite histoire...

Avez-vous remarqué l'anneau qui se trouve face au portail de bois ? C'est un symbole des siècles passés. Ce genre d'anneau servait à attacher les chevaux à l'époque où ils étaient nos principaux moyens de locomotion ; de nombreuses façades en étaient pourvues !

Porte Art nouveau, rue de Grenelle

11 Après la pharmacie, abandonnez la rue de Grenelle pour la cité Négrier.

12 La cité Négrier devient très vite la rue Ernest-Psichari. Les façades du côté des numéros pairs sont quelque peu inhabituelles : les courbes géométriques et massives sont typiques de l'Art déco des années 1930.

13 Cette rue débouche sur l'avenue de la Motte-Picquet : tournez à droite et, dès que vous apercevez la poste, engouffrez-vous dans la sympathique rue Cler. Très commerçante, cette rue est l'endroit idéal pour faire une pause ! Arrêtez-vous au ***Café du Marché*** *(38, rue Cler, 75007 ☎ 01 47 05 51 27 - T.l.j. 6h30-1h. Café : 2,40 €, soda : 4,60 €).*

14 Poursuivez votre chemin sur la rue Cler après la sortie de la zone piétonne. Au croisement suivant apparaîtra l'austère église Saint-Pierre-du-Gros-Caillou. Laissez-la dans votre dos et continuez rue Saint-Dominique★.

★ Pour la petite histoire...

Au Moyen Âge, une énorme pierre délimitait les nombreuses

Avenue Rapp

terres des abbayes de Saint-Germain-des-Prés et de Sainte-Geneviève. Impossible aujourd'hui de localiser l'endroit où se trouvait cette « borne », même si l'on sait qu'elle se situait entre la rue Cler et la rue Saint-Dominique, que vous vous apprêtez à rejoindre. Elle disparut en 1738, donnant son nom au quartier : Gros-Caillou !

15 Traversez l'avenue Bosquet et poursuivez votre route jusqu'à la fontaine de Mars, qui se trouve entourée de jolies devantures de boutiques et de restaurants. Cette fontaine était l'ancien abreuvoir des chevaux de la garde napoléonienne. Aujourd'hui, elle rafraîchit surtout les passants et les clients des restaurants aux terrasses alentour !

16 Poursuivez votre périple rue Saint-Dominique jusqu'au grand carrefour, puis tournez à droite avenue Rapp. Quelques mètres plus loin, le petit square Rapp cache une façade hors du commun…

17 En repartant du square, la tour Eiffel vous fera de l'œil. Continuez votre chemin jusqu'au 29, avenue Rapp dont la façade devrait également attirer votre regard ! Voici un autre immeuble Art nouveau signé par l'architecte Lavirotte. Il décrocha, d'ailleurs, le

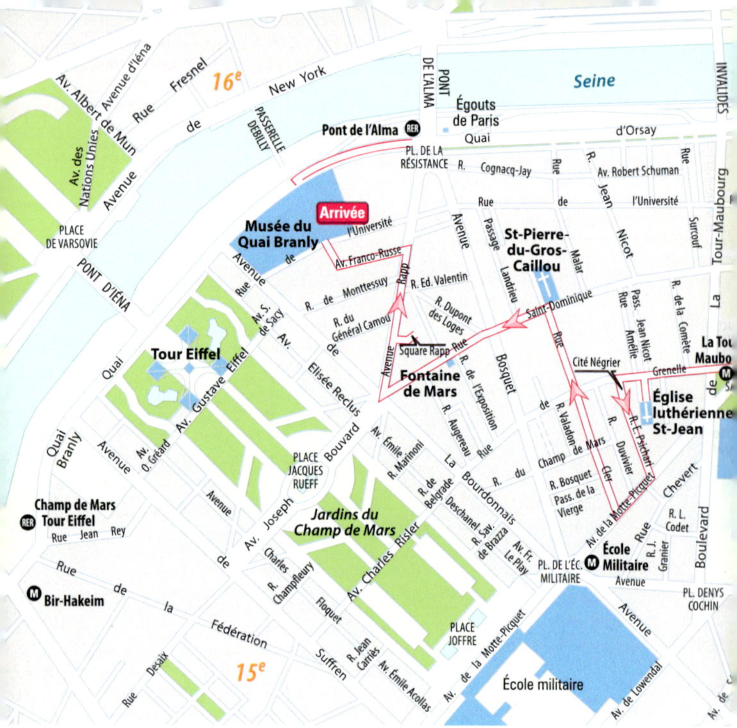

premier prix au concours de façades organisé en 1901.

18 Traversez ensuite l'avenue tout en continuant à marcher le long de l'avenue Rapp. Ce changement de trottoir vous permettra d'admirer une autre façade reconnaissable à ses grilles sur les fenêtres, il s'agit d'un office notarial pourvu de drôles de visages fixant les passants…

19 Quittez l'avenue Rapp lorsque l'avenue Franco-Russe se dévoile : elle vous mènera au point final de cette promenade. Car, à l'autre bout, au croisement de la rue de l'Université, vous pénétrerez, en traversant la passerelle, dans les magnifiques jardins du musée du quai Branly.

20 Pour terminer la balade : une fois sorti par l'entrée principale du musée, continuez sur le quai Branly afin de rejoindre le RER C Pont-de-l'Alma sur votre droite, ou traversez le pont pour arriver à la station de métro Alma-Marceau.

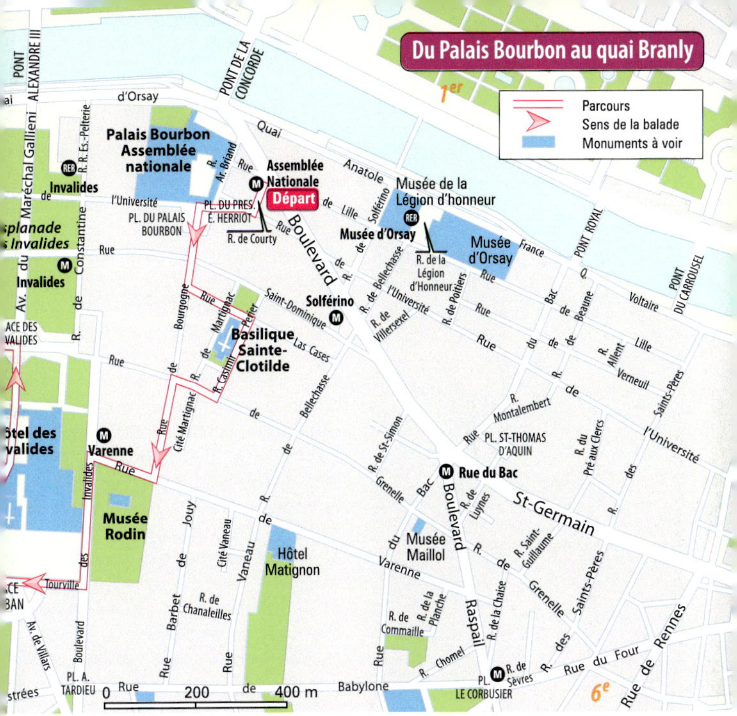

Un musée en pleine nature

Le musée du quai Branly-Jacques-Chirac réunit des œuvres dites « premières » provenant d'Océanie, d'Asie, d'Afrique et des Amériques. La construction du lieu fut confiée à l'architecte Jean Nouvel. Il décida d'offrir un cocon de verdure à ce bâtiment, dont la hauteur est volontairement limitée, afin que les habitations du quartier ne se sentent pas écrasées par sa présence. Le musée est même invisible depuis l'autre côté de la Seine ! La végétation luxuriante du jardin offre de parfaits recoins pour une lecture au calme ou une pause goûter. Et depuis l'entrée principale du musée, vous pourrez admirer un magnifique mur végétal habillé de près de 15 000 plantes !

14 Les passages AUTOUR DU SENTIER

Entre le centre Pompidou et les Grands Boulevards se trouve un quartier peu fréquenté des touristes. Le manque d'illustres édifices y est certainement pour beaucoup. À la place, vous dénicherez ici l'âme du Paris populaire, loin des images de carte-postale. Marqué par les « années Sentier », où le monde de la mode venait puiser son inspiration, ce quartier gouailleur et canaille vit une lente mutation, en attirant de plus en plus de hipsters branchés. Au fil de la promenade, de nombreux passages, couverts ou non, vous permettront de toucher du doigt ce changement.

Départ : métro Rambuteau, sortie Centre Pompidou.

Durée : 1h30.
Voir plan p. 119.

❶ Engagez-vous rue Rambuteau. Une sorte de totem, sur lequel est juché *Le Grand Assistant* de Max Ernst, un chat humanoïde aux bras écartés, vous indiquera le moment de tourner pour pénétrer dans cet îlot d'immeubles récents.

❷ Trouverez-vous l'emplacement de cet automate★ à proximité du passage de l'Horloge (on vous donne un indice : passez par la rue Brantôme...) ? Ce passage n'existe d'ailleurs plus aujourd'hui : une grande enseigne de bricolage l'a « absorbé », mais son nom reste visible.

★ Pour la petite histoire...

L'automate est en fait une horloge tombée en panne il y a quelques

Automate, passage de l'Horloge

années. Du temps où elle fonctionnait, chaque heure, l'homme luttait tour à tour contre l'oiseau, le dragon et le crabe, puis contre les trois en même temps lorsque 12h et 18h sonnaient.

3 Ressortez de l'îlot du côté de la rue Saint-Martin : empruntez le passage Molière, situé légèrement sur votre gauche. D'importants travaux de réhabilitation sont menés sur les immeubles, dont l'état de dégradation était tel qu'il mettait en danger les habitants. Leur aspect sera préservé, seule une végétalisation plus accentuée devrait marquer la différence à l'issue des travaux ! Il débouche sur l'une des rues historiques de Paris : la rue Quincampoix. Poursuivez votre chemin en prenant à droite.

Quincampoix, le Wall Street Français

1715, le Roi-Soleil meurt en laissant un royaume au bord de la banqueroute. John Law, un Écossais (et joueur invétéré), propose alors de créer, rue Quincampoix, une banque centrale. La population lui confierait son or en échange de titres, qui fructifieraient grâce aux compagnies coloniales, chargées de rapporter des richesses. Le Royaume, lui, piocherait dans les caisses pour maintenir son train de vie. La campagne marche si bien que le prix des titres s'envole rapidement. Mais la récolte des trésors coloniaux est maigre. En 1720, la valeur des titres dégringole et des émeutes éclatent... la population est ruinée.

4 Au bout de la rue Quincampoix, rejoignez le trottoir d'en face sur la rue aux Ours. Continuez à droite, puis tournez à gauche pour rejoindre la rue Saint-Martin. Le passage de l'Ancre se cache du côté des numéros impairs : cherchez la porte bleue toute de guingois, un peu plus loin. Attention, il est facile de passer à côté !

5 Caché dans ce passage, n'hésitez pas à jeter un œil à la vitrine de *Pep's*, LE réparateur de parapluies parisien qui arbore dans sa vitrine de magnifiques exemplaires, presque des œuvres d'art à côté des sombres parapluies qui hantent les rues ! La sortie du passage de l'Ancre débouche sur la rue de Turbigo. Traversez-la et partez sur la gauche, où se trouvent deux passages couverts typiques de la fin du XVIIIe s. Les passages de Bourg-l'Abbé *(lun.-sam. 7h30-19h30)* et du Grand-Cerf *(lun.-sam. 8h30-20h30)* étaient, lors de leur ouverture, de véritables petits centres commerciaux qu'Aragon appelait les « aquariums humains ». Vous reconnaîtrez l'entrée du premier grâce aux deux magnifiques cariatides qui entourent sa porte.

Passage du Grand-Cerf

6 À la sortie du passage du Grand-Cerf, piquez à droite rue Dussoubs. Lorsque des panneaux colorés orneront l'une des façades des immeubles autour de vous, vous saurez qu'il est temps de tourner à droite !

7 Vous rejoindrez ainsi la rue Saint-Denis pour quelques mètres : sur votre gauche, vous avez le choix entre le passage de la Trinité ou, un peu plus loin, le passage Basfour, que vous préférerez peut-être si le premier ne vous semble pas assez avenant. Si le passage de la Trinité n'a pas grand-chose d'engageant, c'est peut-être parce qu'il était l'ancienne entrée de l'hôpital et du cimetière du même nom... ! À l'autre bout, prenez à gauche dans la rue de Palestro, elle vous conduira à la rue Réaumur, une des « frontières » du Sentier.

La rue Réaumur, laboratoire de l'urbanisme

Pour casser la monotonie haussmannienne, la mairie lance en 1898 un concours de façades. Dix-huit immeubles naissent ainsi en 4 ans ! Au n° 51 de la rue Réaumur se dresse l'immeuble Félix-Potin, l'un des premiers marchands d'alimentation. Avec ses corbeilles de fruits et ses abeilles, la façade est une métaphore autour du commerce et de l'abondance. Aux n°s 82-92, l'un des précurseurs du prêt-à-porter de qualité : À Réaumur. Les catalogues de la marque étaient classés par thème : « religieux », « domestique » ou « deuil et cérémonies ». Puis tournez-vous vers le n° 100 : ce fut le siège de nombreux journaux dont France-Soir, le dernier à déménager, en 1998.

8 Du côté des numéros pairs de la rue Réaumur, après le n° 106, vous pénétrez au cœur du Sentier par la rue des Petits-Carreaux : direction la place du Caire via la rue d'Aboukir à droite ; c'est ici qu'attendent les porteurs indo-pakistanais, qui transbahutent cartons et rouleaux de tissus à longueur de journée pour les fabricants et les grossistes.

9 L'entrée du passage du Caire★ *(lun.-ven. 7h-18h30)* se situe sous une façade parfaitement « raccord » avec son nom.

Façade néo-gothique, rue Réaumur

Il fut d'ailleurs choisi en hommage à l'expédition menée par Bonaparte en Égypte, qui eut lieu au moment même de la construction du passage. À la bifurcation, restez sur le chemin de droite puis ressortez rue Saint-Denis.

★ Pour la petite histoire...

Le passage du Caire a été aménagé sur l'emplacement de l'ancien couvent des Filles-Dieu. Pour le sol, les constructeurs utilisèrent... les pierres tombales des religieuses, qui finirent tout de même par être recouvertes.

Porte Saint-Denis

Pieuse rue Saint-Denis

Difficile à croire aujourd'hui, et pourtant ! La rue Saint-Denis, l'une des plus anciennes de Paris, était le chemin emprunté par les rois de France lorsque sonnait leur dernière heure, depuis Notre-Dame jusqu'à la basilique Saint-Denis (située en Seine-Saint-Denis). Les façades de la rue étaient alors ornées de draps et d'étoffes de soie, et l'on faisait jaillir du vin, du lait et des parfums à toutes les fontaines. Le cortège funèbre traversait la rue en passant sous des arcs de triomphe éphémères. Celui que vous voyez est le seul arc « durable », érigé en l'honneur de Louis XIV.

10 Apercevez-vous la porte Saint-Denis au loin, cette grande arche majestueuse ? Prenez sa direction, et outre les joueurs de bonneteau, vous y croiserez aussi ces dames qui exercent le plus vieux métier du monde★.

★ Pour la petite histoire...

Les péripatéticiennes n'ont pas envahi le quartier hier ! Déjà à l'époque de saint Louis, on les cantonnait hors de l'enceinte de Philippe-Auguste (dans le haut de la rue, donc). Et si elles étaient trouvées ailleurs, on les rapatriait illico à califourchon sur un âne, la tête tournée vers la queue, chapeau de paille vissé sur la tête, et accompagnées par des joueurs de flûte et de tambour...

11 Exit le Sentier, bonjour le quartier indien ! À droite de la porte Saint-Denis, du côté des numéros pairs, se trouve l'entrée du passage du Prado *(lun.-sam. 7h-20h)*.

12 Ici, beaucoup d'échoppes arborent les couleurs de l'Inde et du Pakistan : coiffeurs discount, marchands de légumes typiques de la cuisine locale et restaurants... En ressortant, prenez à droite dans la rue du Faubourg-Saint-Denis, puis encore à droite rue de Metz : partez à la recherche de l'immeuble des établissements Gaston, dont la façade vaut le détour.

13 Tournez ensuite à gauche boulevard de Strasbourg, et plongez dans le passage Brady *(lun.-sam. 9h30-23h30, dim. 18h-23h30)*, lui aussi fort bien pourvu en commerces indiens. Vous atterrirez à nouveau dans la très commerçante rue du Faubourg-Saint-Denis : poursuivez votre route en prenant à droite. Un peu plus haut, du côté des numéros impairs, vous découvrirez l'entrée de la cour et du passage des Petites-Écuries : allez-y ! La brasserie *Flo*, au cadre typiquement Belle Époque, se cache ici, n'hésitez pas à admirer la décoration. Continuez ensuite votre chemin, qui, après un coude, débouche sur la rue d'Enghien★.

Passage Brady

★ Pour la petite histoire...

Au nº 18 de la rue d'Enghien, d'après vous, laquelle de ces affirmations est vraie ?

- L'immeuble a servi de quartier général à Nicolas Sarkozy lors de la présidentielle de 2007.
- Non, il a plutôt été le studio de création du styliste Paco Rabanne.
- Absolument pas ! Ce fut le siège du journal *Le Parisien – Aujourd'hui en France*.
- Niet, c'est le journal *L'Excelsior* qui avait son siège ici, et même qu'Albert Londres y fit ses premières armes.

Brasserie *Flo*

Réponse : toutes ces affirmations sont vraies, mon général.

14 La balade se termine en rejoignant le boulevard Bonne-Nouvelle par la rue d'Hauteville, située sur votre droite. Si vous avez la forme, vous pouvez enchaîner avec la seconde balade dédiée aux passages couverts du 9e arrondissement p. 120, ou vous offrir une pause bien méritée au ***Delaville Café*** *(34, bd Bonne-Nouvelle, 75010 ☎ 01 48 24 48 09 T.l.j. 8h30-2h - Plat : 12-25 €).*

Bonne-Nouvelle... mais laquelle ?

Les rues que vous venez de traverser depuis la place du Caire étaient au Moyen Âge un véritable dédale de ruelles et d'impasses, dans lequel se réfugiaient les voyous pour échapper à la police. Lors des processions rue Saint-Denis, sur le passage de la châsse d'un saint, certains étaient payés pour simuler des malaises miraculeusement guéris. Le tour le plus connu consistait à feindre l'épilepsie en se contorsionnant au sol, un savon coincé sous la langue. Au passage de la châsse, les symptômes s'envolaient... gloire à Dieu ! En 1667, le quartier fut débarrassé de ces fripouilles, une « bonne nouvelle » pour les habitants du quartier, qui conserva ce nom !

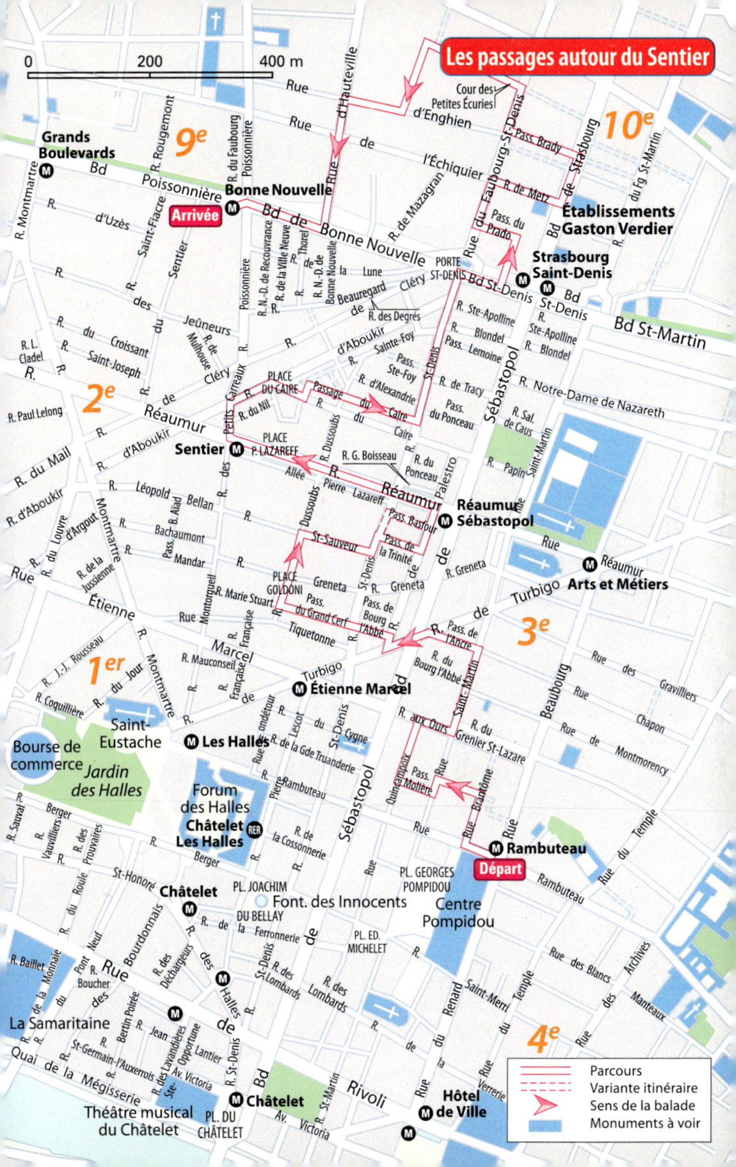
Les passages autour du Sentier
0
200
400 m
Parcours
Variante itinéraire
Sens de la balade
Monuments à voir
Arrivée
Départ
Grands Boulevards
Bonne Nouvelle
Strasbourg Saint-Denis
Établissements Gaston Verdier
Sentier
Réaumur Sébastopol
Réaumur Arts et Métiers
Étienne Marcel
Les Halles
Châtelet Les Halles
Forum des Halles
Bourse de commerce
Jardin des Halles
Saint-Eustache
Châtelet
Rambuteau
Centre Pompidou
Hôtel de Ville
La Samaritaine
Théâtre musical du Châtelet
Font. des Innocents
9e
10e
2e
3e
1er
4e
Cour des Petites Écuries
Pass. Brady
Pass. du Prado
Passage du Caire
Pass. Basfour
Pass. de la Trinité
Pass. du Grand Cerf
Pass. de Bourg l'Abbé
Pass. de l'Ancre
Pass. Molière
PLACE DU CAIRE
PLACE P. LAZAREFF
PLACE GOLDONI
PORTE ST-DENIS
PL. GEORGES POMPIDOU
PL. JOACHIM DU BELLAY
PL. ED. MICHELET
PL. DU CHÂTELET
Bd Poissonnière
Bd de Bonne Nouvelle
Bd St-Denis
Bd St-Martin
Bd de Sébastopol
Rue de l'Échiquier
Rue d'Enghien
R. Réaumur
Rue de Turbigo
Rue Étienne Marcel
Rue de Rivoli
Rue Rambuteau
Rue St-Honoré
Quai de la Mégisserie

15 Les passages couverts DU CENTRE DE PARIS

Voici une tranche du « vrai » vieux Paris ! Les passages, création purement parisienne, ont émergé au XIXe s. C'est une période d'entre-deux : les rues sont sales et impraticables à pied, la faute aux chevaux et à la boue, et les trottoirs n'existent pas encore (ils viendront avec les travaux de réhabilitation lancés par le préfet Haussmann). Voilà comment les passages couverts rencontrent un succès retentissant : c'est une vraie nouveauté de pouvoir faire ses emplettes à l'abri et les pieds au sec ! Aujourd'hui, une quinzaine d'entre eux ont survécu. Pour vous, cela signifie une balade à travers une quantité impressionnante de belles verrières et de vieilles enseignes préservées !

Départ : métro Le Peletier.

Durée : 2h30 environ.
Voir plan p. 128-129.

1 En sortant du métro, suivez la rue Lafayette dans le sens de la circulation, et glissez-vous dans la rue Drouot, célèbre pour son hôtel des ventes. Vous n'allez pas le croiser tout de suite : avant cela, empruntez la rue de Provence à gauche, puis continuez votre chemin jusqu'à ce que vous croisiez l'antique épicerie-confiserie *À la mère de famille*, un régal pour les yeux ! Quelques mètres après l'angle de cette enseigne à droite, se trouve l'entrée du passage Verdeau *(lun.-ven. 7h30-21h, sam.-dim. 7h30-20h30)*.

2 Vous voici dans le premier et le plus modeste de trois passages

Adjugé !

L'hôtel Drouot est le temple de l'enchère publique. Ce système de vente s'est développé au début du XIXe s., mais son installation à cette adresse date de 1850. De tous temps, l'hôtel fut le centre de combines : collectionneurs et marchands du coin se partageaient les plus belles pièces. Exposées le long des galeries, il était difficile de les atteindre à cause du barrage formé par les marchands. Si le visiteur se montrait insistant, quelques tacles dans les mollets le dissuadaient d'insister ! Et s'il s'agissait d'une femme, la vieille Clémentine, une complice à l'hygiène douteuse, jouait les ivrognes et collait la dame, qui prenait la poudre d'escampette !

en enfilade. Proche de Drouot, il a rapidement attiré des galeries de collectionneurs. Vous croiserez, lors de cette balade, les fameuses « rames » de couleur brune de la Ville de Paris : lisez-les pour en apprendre davantage sur ces passages... Il y en a un certain nombre dans ce quartier !

3 Ne manquez pas, vers la fin du passage, la librairie de Roland Buret, un féru de bande dessinée qui collectionne des antiquités, véritables pièces de collection !

4 À la sortie, avant de plonger dans le passage Jouffroy, jetez un œil sur votre droite : tout au bout, ce grand édifice moderno-haussmannien n'est autre que l'hôtel Drouot ! Les curieux pourront s'y rendre afin de découvrir l'intérieur, à moins que vous ne préfériez continuer votre chemin.

5 Retour aux passages : c'est le passage Jouffroy★ *(t.l.j. 7h-21h30)* qui vous attend ! Celui que vous venez de laisser date de 1846, celui-ci de 1847. Ce passage est plus attractif que le précédent : une foule de petits détails mérite votre attention, depuis les étals des bouquinistes jusqu'à l'antique horloge qui trône en hauteur, en passant par l'hôtel Chopin, situé à l'angle gauche, dont la façade date de 1850. Et, bien sûr, le musée Grévin.

★ Pour la petite histoire...

Le passage Jouffroy est rapidement couru du Tout-Paris : avec ses nombreux restaurants, son amusant musée Grévin... sans oublier ses prostituées. Son système de chauffage par le sol n'était pas pour déplaire non plus !

6 Le passage Jouffroy débouche sur les Grands Boulevards : traversez et rejoignez le dernier passage de la lignée, le passage des Panoramas *(t. l. j. 6h-minuit)*. C'est aussi le plus ancien de tous : il ouvre au public en 1799. Véritable repaire pour les

collectionneurs en tout genre, il a conservé de très belles enseignes et vitrines d'époque, comme l'*Arbre à Cannelle* ou le magasin *Stern*, un graveur et imprimeur célèbre du XIXe s., qui est aujourd'hui fermé, mais dont la boutique est classée aux monuments historiques.

7 Une fois dehors, piquez presque immédiatement dans la rue des Panoramas, puis tournez à droite dans la rue Feydeau. Au prochain croisement, direction la place de la Bourse★ sur votre gauche.

★ Pour la petite histoire...

Si la Bourse des valeurs est créée en 1724, elle n'a son propre

Une postérité de cire

Le musée Grévin est né à une époque où la photo de presse n'existait pas. C'est un journaliste, Arthur Meyer, qui a l'idée de créer un endroit où l'on pourrait mettre un visage sur les noms qui font l'actualité. Il s'associe à Alfred Grévin, dessinateur humoristique et sculpteur, qui se passionne pour le projet. Aujourd'hui, 300 statues de cire accueillent les visiteurs, certaines retraçant l'histoire de France, alors que d'autres sont d'éphémères célébrités du siècle présent !

Passage des Panoramas

bâtiment qu'en 1827. L'architecture est antique et imposante. En 1900, deux ailes sont aménagées sur chaque côté. Au moment des travaux, les agents de change avaient eu l'idée de faire creuser un tunnel qui aurait rejoint les caves de l'une des brasseries de la place, pour s'échapper en cas de manifestation de souscripteurs ou de rentiers lésés... Eh oui, déjà à l'époque !

8 Empruntez le trottoir de l'Agence France-Presse, et continuez la balade dans la rue de la Banque, à droite de la Bourse. Cette rue s'est fait connaître lors du siège d'une banque qui s'est transformée en quartier général des révoltés de la crise du logement parisien : les associations Jeudi-Noir et DAL (Droit au logement) occupent le tout premier immeuble de la rue. Plus loin, des bâtiments de la République se succèdent, dont la mairie du 2e arrondissement. C'est d'ailleurs après la mairie, en remontant le passage des Petits-Pères, que vous rejoindrez la place du même nom et découvrirez la majestueuse basilique Notre-Dame des Victoires. Vous voilà, au passage, devant l'ancienne adresse de la Bourse des valeurs ! La basilique, réquisitionnée sous la Révolution, en a été le siège durant 7 ans. L'intérieur mérite véritablement une rapide visite, non seulement pour l'orgue, mais surtout pour toutes ces plaques, ces ex-voto dédiés à Marie. Si certains ont plusieurs siècles, d'autres ont à peine quelques mois ou quelques années...

9 Et maintenant, direction la rue opposée à celle d'où vous venez ! Passez par la rue Vide-Gousset pour rejoindre la place des Victoires, l'un des rares endroits de Paris où se dresse une statue du Roi-Soleil. Ensuite, repartez par la rue de la Feuillade à droite du roi. Après le prochain carrefour, c'est au tour de la galerie Vivienne *(t.l.j. 8h30-20h30)* de vous ouvrir ses portes. Plus large que les autres, colorée avec ses mosaïques, elle était le passage préféré des Parisiens jusqu'au milieu du XIXe s. Au no 13, un certain Vidocq surveillait de près ces lieux mythiques...

10 Aujourd'hui les créateurs de mode et d'accessoires se sont emparés des lieux, un vrai plaisir pour les yeux ! Mais c'est surtout la très belle librairie aux allures de salon de lecture qui dégage une atmosphère d'époque, à l'angle du passage.

11 Sitôt ressorti, vous replongerez un peu plus loin à gauche dans la galerie Colbert. Avec ses allures de bunker (un gardien fouillera votre sac à l'entrée), ce passage entièrement rénové paraîtrait presque neuf. Mais la statue de Vénus sous la rotonde, les quelques boiseries des vitrines et une toile rappellent un peu le passé. Si le plan Vigipirate est toujours en vigueur, vous devrez ressortir par

Statue de Vénus, galerie Colbert

l'entrée. Sinon, franchissez le seuil sous la toile représentant Colbert pour reprendre votre chemin.

12 De nouveau à l'air libre, traversez la rue et prenez à droite. Descendez la petite portion pavée de la rue Vivienne pour longer le Palais-Royal. Avant de vous engager dans les escaliers du passage de Beaujolais près du n° 47, retournez-vous pour découvrir la superbe façade du théâtre du Palais-Royal.

13 Rejoignez la rue des Petits-Champs★ pour la suite de la balade.

★ Pour la petite histoire...

Le perruquier de Louis XIV vivait dans cette rue. M. Binet - c'était son nom - avait un véritable don pour l'extravagance : ses perruques valaient le détour et le Roi Soleil les portait avec bonheur. C'est d'ailleurs de là que provient l'expression « avoir une drôle de binette » !

14 Après l'ancien cabaret *La Belle Époque* situé au 38 rue des Petits-Champs, vous trouverez l'entrée du passage Choiseul *(lun.-sam. 8h-20h)*. Resté moribond de longues années, le passage revit grâce à une rénovation qui le remet enfin en valeur. De quoi le faire renouer avec les années où les artistes du théâtre des Bouffes-Parisiens, toujours installé ici, le fréquentaient en compagnie d'hommes et femmes de lettres. Le romancier Céline grandit d'ailleurs dans ce passage : il y a encore 40 logements habités.

15 Continuez rue Saint-Augustin à gauche. Vous croiserez sur votre passage l'illustre restaurant *Drouant*, où se réunissent les jurés du prix Goncourt depuis 1914. Au bout de la rue, on change de dimension en rejoignant l'avenue de l'Opéra. Saviez-vous qu'initialement, cette large voie a été aménagée uniquement pour mettre en valeur l'Opéra ? À l'époque, elle n'avait aucune vocation à désengorger la circulation...

Passage Choiseul

16 Traversez le boulevard pour marcher sur le trottoir d'en face, avant de rejoindre la place de l'Opéra. Sur votre gauche après la rue de la Paix, vous continuerez votre chemin boulevard des Capucines. Vous voilà sur l'un de ces fameux Grands Boulevards, dont le tracé est une véritable empreinte de la capitale.

La promenade du Tout-Paris

Longs de 4 km, les Grands Boulevards sont nés sous Louis XIV, après qu'il a fait disparaître les enceintes de Charles V. L'aménagement est nouveau : des rangées d'arbres sont plantées, une allée centrale est réservée aux véhicules, et les piétons déambulent sur les allées latérales. Cette promenade rencontre un large succès. Au début du XIXe s., artistes ambulants et forains font le spectacle dans la rue. Avec la construction de l'Opéra, les Grands Boulevards attirent une population plus aisée et laisseront place aux boutiques de luxe quelques décennies plus tard.

17 Sur le chemin, il est conseillé de marcher du côté des numéros pairs : d'une part pour ne pas rater la plaque située au n° 14★ du boulevard des Capucines, mais aussi pour avoir une meilleure vue sur les façades d'en face : certaines sont remarquables !

★ Pour la petite histoire...

Vous découvrirez une plaque dédiée aux frères Lumière au n° 14. C'est à cette adresse qu'ils réalisèrent leur première projection cinématographique. Pas vraiment un succès... La presse nationale les ignora, et seuls 33 curieux découvrirent, médusés, ces petits films passés à la postérité, dont *L'Arroseur arrosé* est le plus célèbre. Trois semaines plus tard, le bouche-à-oreille avait fait son œuvre : il fallait refuser du monde !

18 Après le n° 14, un petit crochet s'impose dans l'étonnante rue Édouard-VII, qui abrite le théâtre du même nom. Les boiseries uniformes des vitrines lui donnent un aspect austère. Mais elle a le mérite d'être piétonne et, de fait, d'être l'endroit idéal pour profiter d'une terrasse à l'abri de la circulation : ***Mon Paris !*** est d'ailleurs un excellent point de chute à côté du théâtre *(6, rue Édouard-VII, 75009 ☎ 01 42 94 86 03 - T.l.j. 8h-2h Café : 3,80 €, plats : 22-32 €)*. Revenez ensuite sur vos pas et poursuivez votre route le long des Boulevards. L'Olympia et ses célèbres lettres rouges vous donneront envie de vous glisser dans le hall (ne vous privez pas !). C'est après cela qu'il faudra rester aux aguets du côté des façades !

19 Du côté pair, statues, bâtiment des messageries maritimes et hôtels particuliers pourvus de rotondes se succéderont. En face, l'architecture Art déco laisse place, quelques mètres plus loin, à une façade agrémentée de niches, où des naïades semblent entretenir leur beauté.

20 À ce stade-là, vous êtes presque arrivé sur la place de la Madeleine, où se dresse l'église aux allures de temple grec. Montez les marches et rejoignez l'intérieur de cette dernière.

21 L'église de la Madeleine★ abrite les reliques de sainte Marie-Madeleine. Le chœur, avec sa fresque et la statue de la sainte, est d'ailleurs un petit chef-d'œuvre à découvrir. En vous retournant, l'orgue, imposant, vous fera face : Camille Saint-Saëns et Gabriel Fauré en furent les titulaires.

★ Pour la petite histoire...

Emporté par la tuberculose à 39 ans, Chopin avait demandé que le *Requiem* de Mozart soit joué pour ses obsèques, qui devaient se dérouler dans l'église de la Madeleine. Mais les femmes, indispensables à la chorale, avaient interdiction de chanter dans le chœur de l'église... Il fallut repousser l'enterrement de 15 jours, le temps de convaincre le curé de déroger à la règle !

22 Rejoignez le trottoir à droite, en sortant de l'église, du côté boulevard Malesherbes. Sur la place, un petit passage se cache : la galerie de la Madeleine *(lun.-sam. 8h-19h)*.

23 Elle débouche sur la rue Boissy-d'Anglas : tournez à gauche, et replongez presque immédiatement dans le Village Royal, terminus de cette balade ! Un endroit idéal pour se délasser en terrasse ou au chaud, loin du vacarme ambiant de la place... et pourtant si près !

Une hésitation marquée

Drôle de façade pour une église... Initialement, la Madeleine ne fut conçue que pour embellir la perspective de la place de la Concorde, d'où les longues hésitations sur sa vocation. Près de 80 ans furent nécessaires à sa construction, suivant une valse soutenue de projets. Après un arrêt net sous la Révolution, Napoléon décide d'en faire un monument à la gloire de la Grande Armée. Mais émerge l'idée d'y établir la première gare ferroviaire de Paris. Finalement, l'édifice deviendra une église.

Église de la Madeleine

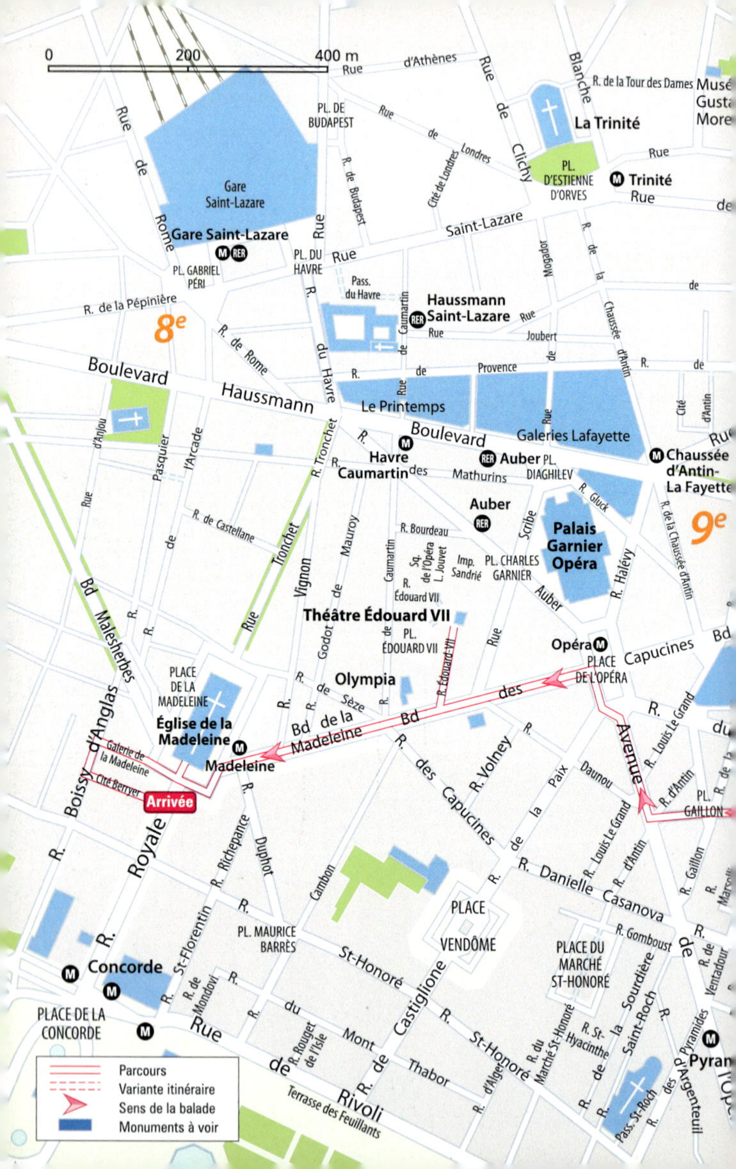
0
200
400 m
Gare Saint-Lazare
La Trinité
Trinité
PL. D'ESTIENNE D'ORVES
PL. DE BUDAPEST
PL. DU HAVRE
PL. GABRIEL PÉRI
Haussmann Saint-Lazare
8e
9e
Boulevard Haussmann
Le Printemps
Galeries Lafayette
Havre Caumartin
Auber
Chaussée d'Antin-La Fayette
Palais Garnier Opéra
PL. CHARLES GARNIER
PL. DIAGHILEV
Théâtre Édouard VII
PL. ÉDOUARD VII
Olympia
Opéra
PLACE DE L'OPÉRA
PLACE DE LA MADELEINE
Église de la Madeleine
Madeleine
Arrivée
PLACE VENDÔME
PLACE DU MARCHÉ ST-HONORÉ
PL. MAURICE BARRÈS
PL. GAILLON
Concorde
PLACE DE LA CONCORDE
Terrasse des Feuillants
Rue de Rivoli
Rue St-Honoré
Rue Royale
Bd de la Madeleine
Bd des Capucines
Avenue de l'Opéra
Parcours
Variante itinéraire
Sens de la balade
Monuments à voir

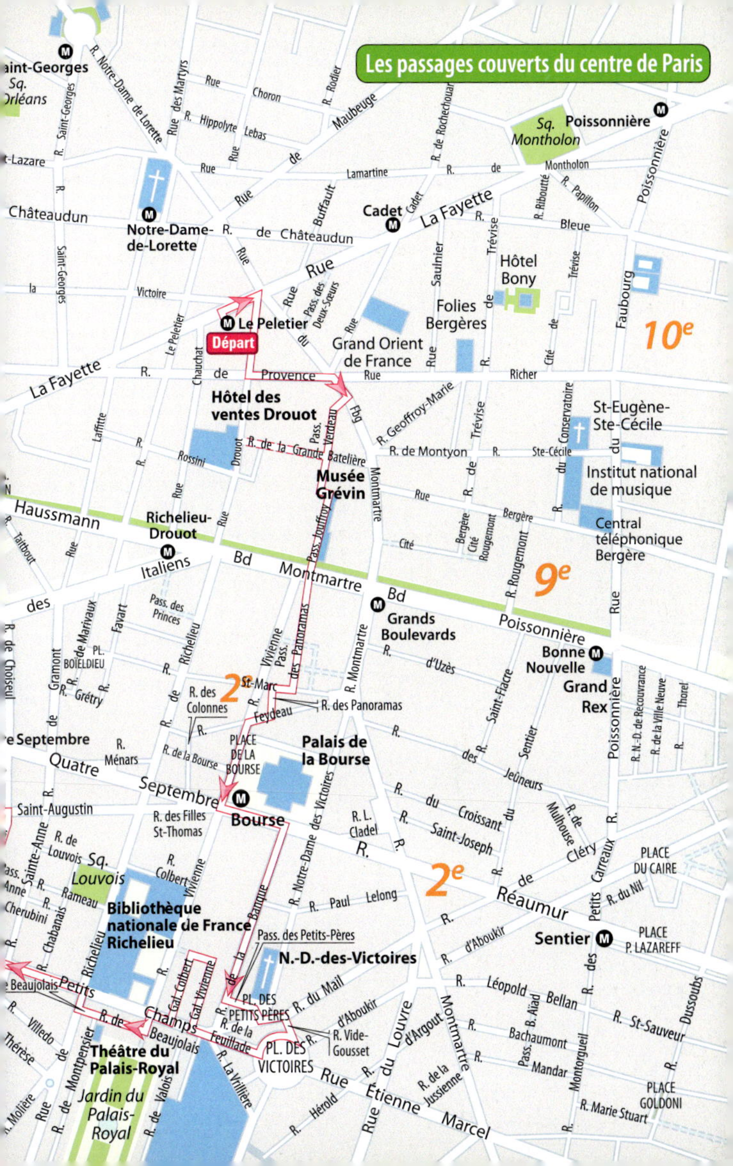
Les passages couverts du centre de Paris
Départ
Le Peletier
Hôtel des ventes Drouot
Musée Grévin
Pass. Verdeau
Pass. Jouffroy
Pass. des Panoramas
Pass. des Princes
Pass. des Deux-Sœurs
Pass. des Petits-Pères
Gal. Colbert
Gal. Vivienne
Palais de la Bourse
PLACE DE LA BOURSE
Bourse
Bibliothèque nationale de France Richelieu
N.-D.-des-Victoires
PL. DES PETITS PÈRES
PL. DES VICTOIRES
Théâtre du Palais-Royal
Jardin du Palais-Royal
Sq. Louvois
Richelieu-Drouot
Grands Boulevards
Bonne Nouvelle
Grand Rex
Sentier
Cadet
Notre-Dame-de-Lorette
Saint-Georges
Sq. Orléans
Sq. Montholon
Poissonnière
Hôtel Bony
Folies Bergères
Grand Orient de France
St-Eugène-Ste-Cécile
Institut national de musique
Central téléphonique Bergère
PLACE DU CAIRE
PLACE P. LAZAREFF
PLACE GOLDONI
10e
9e
2e
Bd Haussmann
Bd des Italiens
Bd Montmartre
Bd Poissonnière
Rue La Fayette
R. de Châteaudun
R. de Provence
Rue Richer
R. du Quatre Septembre
R. Réaumur
Rue Étienne Marcel
Rue du Louvre
R. Montmartre
R. de Richelieu
R. Vivienne
R. des Petits Champs
R. de la Banque
R. Notre-Dame des Victoires
R. du Faubourg Montmartre
Rue du Faubourg Poissonnière
R. des Jeûneurs
R. du Croissant
R. Saint-Joseph
R. d'Aboukir
R. du Mail
R. de Cléry
R. du Sentier
R. Saint-Fiacre
R. d'Uzès
R. des Panoramas
R. Feydeau
R. St-Marc
R. des Colonnes
R. de la Bourse
R. des Filles St-Thomas
R. Colbert
R. Saint-Augustin
R. Sainte-Anne
R. de Louvois
R. Rameau
R. Chérubini
R. Chabanais
R. de Beaujolais
R. de Montpensier
R. de Valois
R. de la Feuillade
R. La Vrillière
R. Vide-Gousset
R. Hérold
R. d'Argout
R. de la Jussienne
R. Léopold Bellan
R. Bachaumont
Pass. Mandar
R. B. Aïad
R. Montorgueil
R. St-Sauveur
R. Dussoubs
R. Marie Stuart
R. des Petits Carreaux
R. du Nil
R. de Mulhouse
R. Paul Lelong
R. L. Cladel
R. Ménars
R. Grétry
R. de Marivaux
R. Favart
PL. BOÏELDIEU
R. de Gramont
R. de Choiseul
R. Taitbout
R. Laffitte
R. Rossini
R. Drouot
R. de la Grange Batelière
R. Chauchat
R. Le Peletier
R. de la Victoire
R. Lamartine
R. Buffault
R. Cadet
R. de Rochechouart
R. Rodier
R. de Maubeuge
R. Choron
R. Hippolyte Lebas
Rue des Martyrs
R. Notre-Dame de Lorette
R. Saint-Lazare
R. Geoffroy-Marie
R. de Montyon
R. de Trévise
R. Bergère
Cité Bergère
Cité Rougemont
R. Rougemont
R. du Conservatoire
R. Ste-Cécile
Cité de Trévise
R. Saulnier
R. Bleue
R. Riboutté
R. Papillon
R. de Montholon
R. N.-D. de Recouvrance
R. de la Ville Neuve
R. Thorel
R. Villedo
R. Thérèse
R. Molière

16 Le long du canal SAINT-MARTIN

Voici l'un des endroits les plus appréciés des Parisiens ! Avec ses neuf écluses depuis la Bastille jusqu'à la Villette, ses quais ombragés, son mélange d'immeubles modernes et de bâtiments populaires ou industriels réhabilités, le canal séduit par son éclectisme. Le quartier a vécu une véritable mutation ces dernières années, assurant ainsi sa popularité : les promeneurs viennent y chercher calme et tranquillité, et la Mairie l'a bien compris ! Tous les dimanches, la circulation le long du canal est coupée, alors profitez-en : le quartier est à vous ce jour-là !

Départ : métro République, sortie n° 4 rue du Faubourg-du-Temple (traversez à gauche à la sortie pour rejoindre la rue).

Durée : 1h30 environ.
Voir plan p. 137.

❶ Cette balade commence rue du Faubourg-du-Temple. Après le premier carrefour, l'animation des commerces s'installe et crée une véritable ambiance populaire ! Vous vous trouvez sur l'ancien chemin qui menait au village de Belleville. Au milieu des façades bigarrées, repérez le chapeau haut-de-forme qui orne l'enseigne du *Gibus* : vous êtes devant l'entrée d'un club légendaire qui accueillit les plus grands groupes punk et *new-wave* du temps de leur splendeur, comme The Clash, Iggy Pop, les Sex Pistols, James Brown, la Mano Negra ou Les Rita Mitsouko ! L'histoire de ce bâtiment est racontée sur un panneau de la Ville de Paris situé devant le portail. D'ailleurs, n'hésitez pas à le franchir

Club *Gibus*

pour découvrir de drôles d'hommes sans tête soutenant la toiture, et une verrière qui n'en finit pas !

2 Plus loin, au bout de la rue sur la gauche, une boutique pleine de figurines pour pièces montées ne manquera pas de vous intriguer...

3 La rue du Faubourg-du-Temple débouche sur le quai de Valmy si vous prenez à gauche au premier croisement. Traversez pour rejoindre le terre-plein central et pénétrez dans le square Frédérick-Lemaître : vous saurez que vous êtes au bon endroit si le buste du comédien trône au centre du square. En passant d'un côté ou de l'autre de cette statue, faufilez-vous derrière la haie pour découvrir une jolie vue sur le canal et la passerelle des Douanes. À cet endroit, le canal disparaît sous vos pieds pour 2 km de vie souterraine.

4 Avant de continuer votre chemin, reconnaissez-vous cet endroit, immortalisé dans un film ? Mais si, bien sûr ! C'est ici qu'Amélie Poulain venait faire ricocher ses cailloux ! Restez maintenant du côté gauche du canal, sur le quai de Valmy, pour

Vingt ans de travaux

Au début du XIXe s., la capitale manque d'eau : qu'à cela ne tienne, créons un canal ! Son aménagement prendra vingt ans. Dans un premier temps, le canal est à découvert sur ses 4,5 km de long, depuis la Villette jusqu'à la Seine où il se jette. Puis, en 1860, on le recouvre sur presque 2 km pour faciliter la création du boulevard Voltaire. Aux yeux du préfet, cela présente aussi l'avantage de limiter les révoltes des ouvriers en empêchant leur repli derrière le canal ! Une écluse est installée au niveau du square Frédérick-Lemaître, puis le canal est abaissé de 5 m depuis cet endroit jusqu'à la Bastille. D'où sa disparition sous vos pieds...

rejoindre la passerelle des Douanes, la première que vous croiserez.

5 Traversez-la pour le plaisir de la vue qu'elle procure... puis continuez à remonter le canal du côté du quai de Jemmapes, au pied des grands immeubles récents. Le prochain pont que vous rencontrerez est le pont de la rue Dieu (on voit d'ailleurs son nom sur le cabanon situé de l'autre côté du quai) : il est l'un des deux derniers ponts tournants du canal. Avec un peu de chance, vous le verrez peut-être en action !

6 Poursuivez votre route sur le quai de Jemmapes. Au n° 80, franchissez le portail coloré du ***Comptoir général*** : cet espace, mérite le détour pour les portraits démesurés de dirigeants africains qui vous accueillent à l'entrée, et pour sa déco récup' dont le bateau, dans la seconde salle, est sans aucun doute la plus belle pièce. Préparez-vous à changer de continent ! C'est aussi un bar branché du quartier, qui propose des brunchs le dimanche (*☎ 01 44 88 24 48 - Lun.-jeu. 18h-2h, ven. 16h-2h, sam.-dim. 14h-2h*).

7 Un peu plus loin, faites une halte au n° 102 : c'est l'adresse de l'hôtel du Nord★... Ce nom vous rappelle-t-il un film ?

★ Pour la petite histoire...

« Atmosphère ? Atmosphère ? Est-ce que j'ai une gueule d'atmosphère ? » Célèbre pour

Écluses du canal Saint-Martin

la réplique d'Arletty, l'hôtel du Nord et sa passerelle sont des éléments mythiques du film du même nom de Marcel Carné, tourné en 1938. Mais, en réalité, la scène n'a pas du tout été tournée ici ! Un décor parfaitement identique fut reproduit dans les fameux studios de Boulogne-Billancourt. Oui oui, avec un vrai canal !

8 Continuez à remonter le canal, ne manquez pas les jolis *bow-windows* de l'immeuble du n° 112, puis marquez un arrêt au niveau

Les industries du canal

Avec l'arrivée du canal, nouvelle voie de circulation fluviale, se développe l'implantation d'activités économiques. Menuiseries, industries chimiques, ateliers de construction mécanique y élisent domicile. Ouvriers et artisans prennent possession du quartier, devenu soudain vivant. Mais l'essor est de courte durée... À la fin du XIXe s., les industries se « délocalisent » en banlieue. La faute à un nouvel aménagement de la Seine qui, en maintenant le niveau de l'eau à une hauteur constante et ce quel que soit son débit, permet de développer la circulation fluviale. La concurrence est trop forte pour le canal, qui voit son attractivité s'évaporer.

Usine Exacompta-Clairefontaine

du n° 132 : vous faites alors face à un bâtiment industriel en briques rouges. Voici un véritable vestige de l'époque industrielle du canal, il s'agit de l'usine Exacompta-Clairefontaine, qui s'étend jusqu'au n° 138 : des agendas de la marque sont encore fabriqués sur place ! Ces locaux construits en 1898 étaient auparavant ceux de la Compagnie parisienne de l'air comprimé. Ce dynamisme nouveau en fait un quartier très populaire★.

★ Pour la petite histoire...

La vie autour du canal était certes populaire, mais, à la nuit tombée, les berges étaient surtout mal famées... C'est ici que l'on repêchait le plus de cadavres de prostituées, de clochards ou de petites frappes !

9 Avant de quitter le quai de Jemmapes, il reste à découvrir ce qui se cache derrière le bâtiment du n° 174-178. Rien de bien extraordinaire en façade. Vous vous trouvez en fait devant la cité Clémentel, construite dans les années 1930. À l'origine destinée aux artisans, elle peut accueillir plus de 2 000 personnes dans ses logements et dispose de 400 ateliers !

10 Au croisement suivant, traversez le pont pour continuer votre chemin sur la rive d'en face. Suivez le quai de Valmy, et descendez au bord de l'eau. À la suite de la caserne des pompiers, vous découvrirez le ***Point Éphémère*** et son bar qui vous invitent à une pause *(200, quai de Valmy, 75010 - ☎ 01 40 34 02 48 - Lun.-jeu. 12h-2h, ven.-sam. 12h-3h, dim. 12h-23h. Soda : 2 €, bière : 3 €).*

11 Pour laisser la place au carrefour Jaurès, le canal devient souterrain sur quelques mètres. Remontez au niveau de la rue, croisez l'arrêt de bus Jaurès-Stalingrad, puis traversez afin de rejoindre la place de la Bataille-de-Stalingrad★, en passant sous le pont aérien du métro.

★ Pour la petite histoire...

Voici le seul endroit de ce parcours où vous croiserez une circulation relativement intense ! Imaginez qu'au milieu des années 1960, le Conseil de Paris était sur le point de valider un projet d'autoroute qui aurait recouvert l'ensemble du canal. Mais les riverains ne l'entendirent pas de cette oreille. Et le coût des travaux dissuada définitivement la Ville ! Depuis 1990, les berges sont même classées.

12 Vous avez rejoint le canal, qui, après un court passage étroit, devient beaucoup plus large.

Des artisans aux artistes

Le *Point Éphémère* traduit bien la mutation du quartier : d'ancien magasin de matériaux, il est devenu centre artistique. En 1922, l'entrepreneur Suchet imagine un dock industriel Art déco qui répondrait aux besoins de son entreprise, mais aussi à ceux des employés et des habitants du quartier : il équipe les lieux d'un jardin d'enfants et d'une salle de bal ! Aujourd'hui, plasticiens, danseurs et scénographes se partagent l'espace ; une salle de concert, un espace d'exposition ainsi que des résidences d'artistes ont également été aménagés.

Grand ménage décennal

Après des années de bannissement pour cause de pollution, les poissons nagent à nouveau dans le canal. On croise même des pêcheurs, et de courageux baigneurs s'offrent parfois un *happening* ! Pour préserver la qualité de l'eau, la Mairie entretient régulièrement le canal grâce à l'Acoupa, un bateau-nettoyeur. Tous les dix ans environ (la dernière fois, c'était en 2016), les poissons sont rassemblés et transférés en lieu sûr, puis le cours d'eau est vidangé. Une fois à sec, les écluses sont réparées et les déchets déblayés.

Restez à droite afin de pouvoir rejoindre le quai de la Loire. L'un des premiers lieux d'animation que vous croiserez est le cinéma *MK2*, présent sur les deux rives de la Seine. Sobres et fonctionnels, ces bâtiments n'étaient pas industriels dans une précédente vie : ils ont été construits pour une Exposition universelle.

⓭ La promenade se poursuit le long des quais. Sur cette portion assez large du canal, les quais ont été aménagés de manière à laisser respirer l'endroit au maximum.

⓮ Après avoir passé les promenades Jean-Vigo et Éric-Tabarly, vous apercevrez un autre bâtiment d'époque qui termine le parcours sur le quai de la Loire.

Quai de Jemmapes

Pont de Crimée

Il s'agit d'un ancien entrepôt de stockage qui a récemment été transformé en résidence universitaire. Contournez-le et rejoignez le pont de Crimée★, qui se trouve sur votre gauche dans la rue du même nom.

★ Pour la petite histoire...

Le pont de Crimée est en fait un pont-levant ! Inauguré en 1885, il constitue un exploit technologique puisqu'il est le premier à utiliser un système de soulèvement hydraulique (grâce à l'eau potable de la ville). Classé aux monuments historiques, il a été récemment rénové et mis en lumière.

⑮ Nous approchons de la fin de cette promenade, et deux possibilités s'offrent à vous. Vous n'êtes pas encore sur les rotules et pouvez marcher quelques kilomètres le long du quai de la Marne (comptez une vingtaine de minutes), vous atteindrez le parc de la Villette, idéal pour faire une dernière halte au milieu de la verdure !
Ou vous préférez rejoindre simplement la station Crimée. Dans ce cas, traversez le pont et passez devant l'immeuble neuf qui abrite un agréable pub *(Belushi's)* et une auberge de jeunesse (*St Christopher Inns*). Derrière le square de la jolie place de Bitche, n'hésitez pas à faire un crochet pour admirer l'église Saint-Jacques Saint-Christophe de la Villette. Elle tire son nom de l'ancienne voie romaine qu'empruntaient les pèlerins de Saint-Jacques-de-Compostelle au XIe s. ; ils traversaient alors les cultures maraîchères de la Villette. Rejoignez finalement la rue de Crimée, qui se situe dans la lignée du pont-levis, et lorsque vous atteignez l'avenue de Flandre : la station de métro est à quelques mètres plus loin, sur le trottoir d'en face !

Le long du canal Saint-Martin
Arrivée
Départ
18e
10e
19e
Église St-Jacques-St-Christophe de la Villette
Crimée
Riquet
Laumière
Stalingrad
PL. DE STALINGRAD
Jaurès
Louis Blanc
Château Landon
Point Éphémère
Cité Clémentel
Usine Exacompta Clairefontaine
Hôtel du Nord
Passerelle des Douanes
Square Frédérick-Lemaître
Colonel Fabien
PL. DU COLONEL FABIEN
Bolivar
Buttes Chaumont
Parc des Buttes-Chaumont
Belleville
Goncourt
Couronnes
Jacques Bonsergent
République
PLACE DE LA RÉPUBLIQUE
Temple
Porte de Pantin
Parc de la Villette
Marx Dormoy
La Chapelle
Magenta
Gare du Nord
Gare de l'Est
PLACE A. CARREL
PLACE FRÉHEL
Bassin de la Villette
Canal de St-Martin
Quai de Jemmapes
Quai de Valmy
Quai de la Loire
Quai de la Seine
Quai de l'Oise
Quai de la Marne
Avenue de Flandre
Avenue Jean Jaurès
Bd de la Villette
Rue La Fayette
Av. Claude Vellefaux
Avenue Parmentier
Rue Saint-Maur
Boulevard de Belleville
Av. de la République
Bd Saint-Martin
Boulevard de Strasbourg
Rue du Faubourg St-Martin
Rue de Crimée
Rue Riquet
Rue d'Aubervilliers
Rue Marx Dormoy
Bd de la Chapelle
Rue du Département
Rue Louis Blanc
R. de la Grange aux Belles
R. de l'Hôpital St-Louis
R. Bichat
Av. Simon Bolivar
Av. Mathurin Moreau
Rue Secrétan
Rue Manin
Rue Botzaris
R. Alibert
R. Dieu
Rue du Faubourg du Temple
Rue de Meaux
Rue Armand Carrel
Rue Édouard Pailleron
Rue Bouret
R. de l'Ourcq
R. de Kabylie
Rue Magenta
R. du Château d'Eau
R. de Lancry
R. Taylor
0
200
400 m
Parcours
Variante itinéraire
Sens de la balade
Monuments à voir

17 De Belleville À LA MOUZAÏA

Plongez dans l'atmosphère populaire et artistique de l'Est parisien ! Entre Belleville et la Mouzaïa, les petites cités fleuries sont nombreuses, tout comme les ateliers d'artistes et leurs créations à ciel ouvert (souvent sur les murs). Un régal pour les yeux, agrémenté d'une ambiance culturelle et cosmopolite des plus appréciables ! Et, si vous partez sur les hauteurs du parc de Belleville, vous pourrez profiter d'un panorama encore confidentiel de la capitale.

Départ : métro Pelleport, sortie rue Orfila.

Durée : 1h30 environ.
Voir plan p. 143.

1 Entamez ce périple en choisissant la rue Orfila à la sortie du métro Pelleport. Au prochain croisement, grimpez la côte de la rue Dupont-de-l'Eure, encadrée par des immeubles Art déco très... similaires.

2 C'est ensuite la rue Villiers-de-l'Isle-Adam qu'il faut prendre, en partant sur la gauche. Vous rejoindrez ainsi la rue de la Chine ; prenez à droite cette fois. Enfin, lorsque vous verrez sur votre gauche une devanture qui fleure bon les années 1970 avec ses boiseries et sa couleur caramel, vous aurez trouvé le premier point d'attraction de cette balade : le passage des Soupirs ! Dans ces ruelles étroites où l'on a plutôt l'habitude d'admirer d'anciens pavillons ouvriers, c'est ici la surprise : de nombreuses habitations dite « HQE » (haute qualité environnementale) ont émergé ces dernières années pour un très beau résultat ! Ce passage abrite aussi un

joli jardin partagé du côté des numéros pairs, vous pourrez le visiter si l'un des membres de l'association est présent.

3 Les quelques marches situées au bout du passage vous conduisent à la rue des Pyrénées. Grimpez la côte (certes, pas très pentue !) et, au carrefour avec la rue de Ménilmontant, piquez à gauche. En passant par le square au tout début de la rue, vous pourrez admirer le Pavillon carré de Baudouin, l'une des « folies » qu'aimaient à s'offrir aristocrates et bourgeois du XVIIIe s.

Du temps des guinguettes

Comme pour toutes les localités voisines de Paris, les villages de Ménilmontant et de Belleville attiraient les foules à la nuit tombée. De nombreux bistrots s'étaient installés là, juste au-delà du mur des Fermiers généraux établi à la fin du XVIIIe s, pour échapper à la taxe dont il fallait s'acquitter à ce niveau pour faire entrer de la marchandise dans la capitale.

4 Changement d'ambiance quelques mètres plus loin sur votre droite : la cité de l'Ermitage donne, elle, la part belle aux glycines et fleurs en tout genre ! Faites un crochet par ce petit coin de paradis

Cité de l'Ermitage

comme il en existe tant dans ce quartier, avant de continuer votre route sur la rue de Ménilmontant.

5 Légèrement plus bas, tournez à droite rue de l'Ermitage. En face du studio du même nom, une salle de concert renommée de la capitale et quelques maisons atypiques narguent les constructions plus récentes et sans âme. Au passage, avez-vous remarqué ces petites têtes qui ornent chaque contour de fenêtre ?

6 Restons dans la thématique de l'Ermitage, puisque la prochaine voie à emprunter, sur votre droite, est la villa de l'Ermitage ! Une autre petite rue aux airs sauvages, fleurie et décorée avec soin, où bignones, palmiers et vignes vierges chatouillent nos instincts campagnards...

Villa de l'Ermitage

7 Et figurez-vous que ce n'est pas fini ! Car avant de rejoindre la rue des Pyrénées, au bout de la villa, la cité Leroy, à gauche, offre le même type d'atmosphère !

8 Faites ensuite demi-tour pour rejoindre l'artère commerçante : dès la prochaine à gauche (rue de l'Ermitage), tournez, puis dévalez les marches d'escalier cachées quelques mètres plus bas dans la rue Fernand-Reynaud, pour rejoindre la rue des Cascades.

9 Dans l'angle droit avant les commerces, avez-vous remarqué cette drôle de maisonnette★ ?

★ Pour la petite histoire...

Vestige de l'histoire, cette curieuse construction est le regard Saint-Martin, d'où on recueillait l'eau d'une source. Construit au XVIIe s., il était loin d'être le seul à l'époque... De nombreux ruisseaux et des sources alimentaient la capitale en eau, d'où le nom de cette rue des Cascades. Aujourd'hui, il reste trois regards de ce type dans les environs.

10 Prenez la direction de la jolie maison rose et de la devanture jaune, en marquant un arrêt devant l'angle de l'immeuble situé juste en face. Avez-vous remarqué ces sculptures « sauvages » dans la façade ?

11 Laissez ces gravures derrière vous, et remontez la rue des

Cascades, en jetant un œil au n° 44 : c'est la maison de *Casque d'or* où furent tournées des scènes du film avec Simone Signoret et Serge Reggiani ! Au niveau du petit carrefour, bifurquez rue des Envierges - encore une petite côte ! Elle vous dévoilera alors un superbe panorama de tout Paris, méconnu de la plupart des habitants de la capitale. Vous vous situez au-dessus du parc de Belleville.

12 À l'angle de la place, ***Mon Cœur Belleville*** *(1, rue des Envierges, 75020 -* ☎ 01 43 66 38 54 *- Lun.-ven. 8h-22h, sam. 10h-2h, dim. 11h-1h. Verre de vin : 4-5 €, cola maison, plats : 14-17 €)* vous permettra de faire une pause dans ce parcours en vous en mettant plein la vue...

13 C'est maintenant la rue Piat qui va guider vos pas vers l'animée rue de Belleville. Vous l'avez rejointe ? Alors grimpez, en partant à droite, et marquez un arrêt devant l'immeuble au n° 72★.

★ Pour la petite histoire...

Édith Piaf serait née sur les marches de cet immeuble, situé au n° 72 de la rue de Belleville... Eh bien non, elle est née, comme tout le monde, dans un hôpital (l'hôpital Tenon) ! La Môme, confiée à ses grands-mères, aurait perdu la vue durant quatre ans avant de la retrouver miraculeusement lors d'un pèlerinage à Lisieux à 12 ans.

« Babelville »

Depuis le début du XXe s., les vagues d'immigration se sont succédé dans ce quartier cosmopolite. Les Arméniens l'investissent vers 1918, suivis des juifs et des Espagnols dans les années 1930 et 1940. Vers 1960, ce sont les populations maghrébines qui s'installent à Belleville, puis les Africains, et enfin les Asiatiques à la fin du XXe s, qui ont supplanté les autres communautés depuis ! Jamais vraiment aménagé et laissé dans un état sordide, Belleville est réorganisé dans les années 1950. D'où cette prolifération d'immeubles modernes et différents, qui donnent ce style hétéroclite et peu soigné au quartier.

14 Restez rue de Belleville après l'avenue Simon-Bolivar, jusqu'à ce que l'église Saint-Jean-Baptiste de Belleville se dresse devant vous.

15 Contournez l'église par la droite pour rejoindre la rue des Solitaires. De jolies maisons aux volets pastel vous indiqueront de quel côté tourner. Ensuite, continuez votre chemin rue des Annelets. Au bout, c'est encore une fois une série de marches qu'il faudra dévaler avant de remonter celles qui se trouvent juste en face !

Rue des Solitaires

16 Lorsque la villa Albert-Robida rejoint la rue Arthur-Rozier, tournez à gauche, traversez et poursuivez votre chemin rue des Mignottes. Vous voilà presque au terminus de ce périple, au cœur du quartier de la Mouzaïa ! Piquez d'ailleurs à droite dans la rue de Mouzaïa★ pour admirer les innombrables passages dont tous les noms commencent par « villa ». Ici, on n'est plus vraiment à Paris mais quelque part à la campagne.

★ Pour la petite histoire...

Le nom de la Mouzaïa provient d'un lieu-dit algérien où eut lieu une bataille en 1839, pendant la colonisation française. Pourtant, le quartier était surnommé « quartier de l'Amérique » car le gypse extrait du sous-sol de la butte était vendu outre-Atlantique... Un quartier cosmopolite !

17 Lorsque apparaît sur votre gauche la villa du Progrès, engagez-vous sur ce petit chemin pavé, puis tournez à gauche sur la rue de la Liberté. La villa Amalia sera votre prochain point de passage, avant de bifurquer une toute dernière fois sur votre droite, rue du Général-Brunel, pour atteindre la station de métro Danube, point final de la promenade !

Des logements d'ouvriers recherchés

Dans les années 1890, on décide d'édifier des maisons pour les ouvriers venus travailler dans les carrières du coin... Qui dit carrières, dit habitations à un seul étage pour éviter le surpoids en surface et donc l'effondrement du sol ! Ces jolies maisons presque toutes construites sur le même modèle ont un petit jardin à l'arrière et une marquise au-dessus de l'entrée. Aujourd'hui, elles s'achètent à des prix qui seraient inabordables pour l'ouvrier de l'époque.

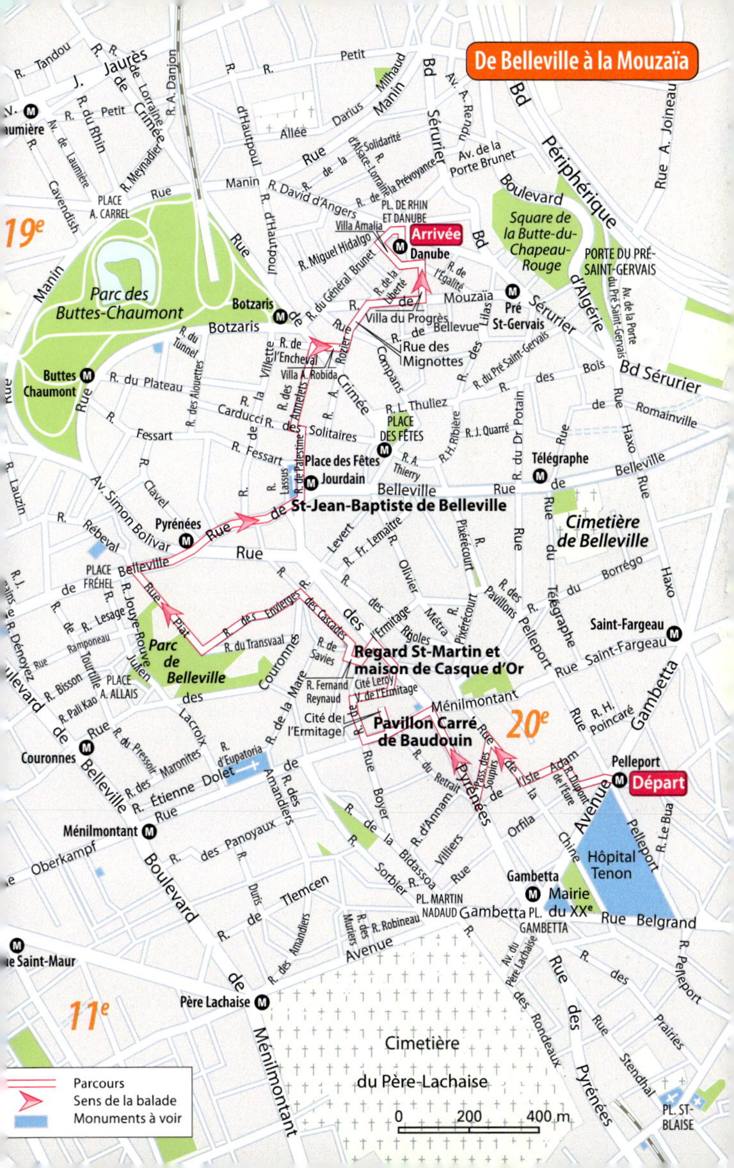
De Belleville à la Mouzaïa
Arrivée
Danube
Départ
Pelleport
Parc des Buttes-Chaumont
Square de la Butte-du-Chapeau-Rouge
PORTE DU PRÉ-SAINT-GERVAIS
Botzaris
Buttes Chaumont
Pré St-Gervais
Mouzaïa
Villa du Progrès
Rue des Mignottes
Villa Amalia
PL. DE RHIN ET DANUBE
R. Miguel Hidalgo
R. du Général Brunet
R. de la Liberté
R. de l'Égalité
R. de l'Encheval
Villa A. Robida
PLACE DES FÊTES
Place des Fêtes
Jourdain
Télégraphe
Rue de Belleville
Cimetière de Belleville
Pyrénées
St-Jean-Baptiste de Belleville
Av. Simon Bolivar
PLACE FRÉHEL
Parc de Belleville
Regard St-Martin et maison de Casque d'Or
Cité Leroy
V. de l'Ermitage
Pavillon Carré de Baudouin
Ménilmontant
Saint-Fargeau
Couronnes
Hôpital Tenon
Gambetta
Mairie du XXe
PL. GAMBETTA
PL. MARTIN NADAUD
Père Lachaise
Cimetière du Père-Lachaise
Boulevard Périphérique
Bd Sérurier
19e
20e
11e
Parcours
Sens de la balade
Monuments à voir
0
200
400 m
PL. ST-BLAISE

18 De la BNF À BERCY

Voici l'un des quartiers les plus modernes de Paris. Depuis Tolbiac jusqu'aux rives de Bercy, les immeubles contemporains ne se laissent distraire que par les péniches des quais de Seine. Majestueuse, la Bibliothèque nationale de France dresse ses quatre livres de verre, tandis qu'à une enjambée de la Seine par la jolie passerelle Simone-de-Beauvoir, Bercy offre une verdure ludique et foisonnante, en mémoire de son passé vinicole. Un endroit réservant de nombreuses surprises !

Départ : métro Quai-de-la-Gare, sortir à gauche et se diriger vers la Seine, qui se trouve devant vous.

Durée : 1h15-1h30 environ. Voir plan p. 151.

❶ Rejoignez les quais de Seine pour démarrer cette balade : en face de vous, sur l'autre rive, se dresse le vaisseau du ministère de l'Économie, des Finances et de l'Industrie★. Drôle de structure, n'est-ce pas ?

★ Pour la petite histoire...

C'est sous François Mitterrand que le ministère de l'Économie, des Finances et de l'Industrie libéra une aile du palais du Louvre pour s'installer ici. Cette architecture surprenante aurait pu faire grincer des dents, mais il n'en fut rien. D'ailleurs, avez-vous remarqué la similitude de la structure qui se jette dans la Seine avec celle du pont où passe le métro aérien ?

❷ Passez sous le métro aérien, et descendez sur les rives de la Seine. Si vous avez choisi de faire

Ministère de l'Économie, des Finances et de l'Industrie

cette balade en été, bonne pioche ! Les rives sont alors transformées en un Paris Plages officieux, où de nombreuses terrasses sont investies par des bars et clubs, le tout agrémenté d'agréables transats... Les tentations pour faire une pause seront nombreuses !

3 Parcourez le quai jusqu'à ce que vous tombiez sur la piscine Joséphine-Baker, qui a la particularité de flotter sur le fleuve. Ouverte en 2006 à la suite de la création de Paris Plages, elle faillit couler à cause d'une stupide erreur de manipulation lors d'une opération de maintenance... Posée sur 20 flotteurs, cette piscine dispose d'une verrière qui s'ouvre pour profiter pleinement du soleil en été.

4 Devant son entrée et à votre droite, un escalier taillé dans la pierre vous permettra de rejoindre le quai François-Mauriac et de le traverser pour rejoindre la BNF par la rue Raymond-Aron, située en face de vous. Grimpez alors sur votre gauche la volée de marches entre les deux imposants immeubles en forme de livres ouverts. Traversez l'esplanade pour rejoindre l'entrée, située côté est. Un sas digne d'un

Un seul et même site pour tous les livres

François Mitterrand souhaitait réunir tous les ouvrages qui font l'histoire de la France en un même lieu. En 1989, l'architecte Dominique Perrault gagne le concours : quatre immeubles figurant de grands livres ouverts borderont la Seine. Pour éviter que les livres ne grillent derrière les vitres, l'architecte conçoit ces dernières selon un procédé spécial : du verre, 7 cm de vide, de nouveau du verre, et des panneaux de bois. Chaque étage est isolé des autres pour éviter la propagation d'éventuels incendies et la prolifération de moisissures. Enfin, les immeubles sont maintenus à une température constante de 18° C.

aéroport vous accueille. Une fois passé les contrôles, vous pouvez rejoindre le cœur de verdure pour le traverser et rejoindre l'aile ouest. De ce côté-ci, deux globes★ exposés à l'intérieur, au fond de l'allée à droite, ornent le couloir.

★ Pour la petite histoire...

Un globe céleste, un globe terrestre : ces deux sphères furent commandées pour Louis XIV à la fin du XVIIe s. Ce qu'ils symbolisent ? Le ciel tel qu'il était le jour de la naissance du Roi-Soleil pour le globe céleste, mais aussi les connaissances astronomiques de l'époque. Quant au globe terrestre, il met en scène les connaissances géographiques et ethnographiques de ce siècle.

5 Remontez au niveau de l'esplanade de la BNF en ressortant par le sas. Votre déambulation dans les couloirs devrait vous permettre d'admirer des expositions temporaires qui ornent souvent les murs, ou même de découvrir l'histoire de ces lieux dans le hall est, au niveau de la bibliothèque.

6 Vous voici à nouveau à l'air libre ! Quittez l'esplanade en longeant le *MK2 Bibliothèque*. Le parvis du cinéma donne sur la rue Émile-Durkheim, que vous traversez pour rejoindre la rue Pau-Casals juste en face, puis, dans le prolongement, la rue Olivier-Messiaen. Au prochain croisement, tournez à gauche dans la rue Primo-Levi : vous verrez alors apparaître l'un des rares bâtiments qui ne soit pas flambant neuf dans le quartier. Il s'agit des *Frigos*, un espace entièrement dédié à l'art.

7 Contournez *Les Frigos* pour retrouver la rue Neuve-Tolbiac et rejoindre les bords de Seine. Au niveau du pont, vous pouvez apercevoir sur la droite des bâtiments industriels qui se sont maintenus en bord de Seine : ce sont principalement des

Désormais, *Les Frigos* conservent l'art !

Les Frigos sont une construction de l'après-Première Guerre mondiale : il fallait trouver un moyen d'approvisionner efficacement les habitants de la capitale en produits frais. La gare frigorifique entre en service en 1921 : les trains pénétraient directement dans le bâtiment pour y déposer leur marchandise ! L'activité s'interrompit avec le déplacement des Halles de Paris à Rungis, le site fut laissé à l'abandon durant 15 ans. En 1980, la SNCF loua le bâtiment à des artistes. Depuis, ces derniers ont pris possession du lieu, qu'ils sauvèrent des griffes des promoteurs immobiliers. Les 200 artistes installés sont désormais sous la protection de la Ville de Paris.

fabricants de ciment qui profitent de la proximité de l'eau et des péniches pour leurs activités. On en trouve aux deux extrémités de la capitale, à Bercy et dans le 16e arrondissement, à proximité de Boulogne-Billancourt.

8 Partez dans le sens opposé de la cimenterie et rejoignez les quais. C'est ici que le *Batofar*, péniche aux couleurs vermeilles et lieu emblématique des musiques alternatives, enflammait les nuits parisiennes depuis 1999.

Les Frigos

Quais de Seine et passerelle Simone-de-Beauvoir

9 Continuez votre chemin jusqu'à la passerelle incurvée★ : remontez au niveau de la rue pour la traverser.

★ Pour la petite histoire...

La passerelle Simone-de-Beauvoir est le 37e pont de Paris, le plus récent des ponts dédiés aux piétons ! Construite en Alsace dans l'usine des établissements Eiffel, elle fit un long voyage avant d'être rapidement montée ici en janvier 2006 (2 heures suffirent) : elle passa d'abord par la mer du Nord, par la Manche, puis par la Seine.

10 De l'autre côté de la passerelle se trouve le très beau parc de Bercy, qui se décompose en trois parties : la Grande Prairie (qui s'offre à vous), les Parterres avec le potager et les vignes et, enfin, le Jardin romantique avec ses bassins et ses canards. L'air de rien, vous allez vous balader dans l'un des plus grands parcs aménagés de Paris : la verdure s'étend sur 14 ha ! Pour vous accueillir, *Les Enfants du Monde*, 21 statues imaginées par Rachid Khimoune : elles symbolisent le respect des droits de l'enfant. Chaque statue a son double dans le pays d'origine qu'elle représente !

La mémoire du passé

En lieu et place du parc de Bercy, il y avait auparavant des entrepôts à vin, dont les premiers remontaient au XVIIe s. Acheminés depuis la province par la Seine en bateaux-citernes, les vins passaient d'abord par les chais pour l'embouteillage, avant d'être stockés dans les entrepôts. Aussi, en mémoire de ce temps, des vignes de sauvignon et de chardonnay ont été plantées ici, et chaque année, des vendanges sont organisées ! En contournant les vignes par la droite, vous apercevrez la maison des percepteurs des taxes et, plus loin sur la gauche, un ancien chai préservé.

⓫ Descendez les escaliers face à vous et empruntez l'une des petites « allées » de la Grande Prairie se trouvant droit devant. Lorsque vous apercevez une grande construction aux volumes imbriqués, prenez sa direction : il s'agit de la **Cinémathèque**, qui a migré dans les murs de l'ancien American Center en 2005. Si l'envie vous prend de découvrir l'histoire du cinéma, une belle exposition se cache derrière ces murs *(51, rue de Bercy, 75012 - ☎ 01 71 19 33 33 - T.l.j. sf mar. 12h-19h, f. 25 déc. et 1er janv. - Entrée musée : 5 €, entrée expo : 11 €).*

⓬ Puis passez à droite du bâtiment, suivez la rue Paul-Belmondo, pour rejoindre Les Parterres (rebaptisé square Yitzhak Rabin) quelques mètres plus loin sur votre droite (vous les reconnaîtrez grâce aux murs de brique les délimitant). Pour apprécier la magie du lieu, après avoir franchi le portillon, longez le jardin potager pédagogique et les parterres fleuris pour atteindre les vignes. Oui oui, encore des vignes en plein Paris, et récoltées chaque année pour en tirer du vin s'il vous plaît !

⓭ Continuez de traverser le parc pour atteindre son autre

Potager du square Yitzhak Rabin

extrémité : des décors devraient égayer vos pupilles jusqu'à la sortie, comme les immeubles modernes qui bordent le parc, parfaitement intégrés à la nouvelle architecture du quartier... Franchissez les passerelles qui vous permettent de traverser la route, profitez du calme du Jardin romantique et ressortez à l'autre bout. Vous arrivez du côté du cour Saint-Émilion.
Sur la droite ou sur la gauche selon votre sortie, le passage Saint-Vivant ouvre la voie pour déambuler dans cette jolie zone commerçante parfaitement réhabilitée : il s'agit tout bonnement des anciens chais et entrepôts réaménagés★.
Remontez-le en laissant la Seine dans votre dos.

★ Pour la petite histoire...

Au XIXe s., ce quartier s'appelait le « joyeux Bercy » : les nombreuses guinguettes attiraient le Tout-Paris. Il était intéressant de s'y retrouver car, les entrepôts de vin étant situés en dehors de la barrière d'octroi de Paris (une sorte de douane où tout produit pénétrant dans la capitale était taxé), les boissons y étaient moins chères !

14 Lorsque vous avez quitté cette artère, piquez à droite en empruntant la rue des Pirogues-de-Bercy. De l'autre côté de la rue, un bâtiment d'où émergent de drôles de têtes blanches devrait attirer votre regard. Il s'agit du

Cour Saint-Émilion

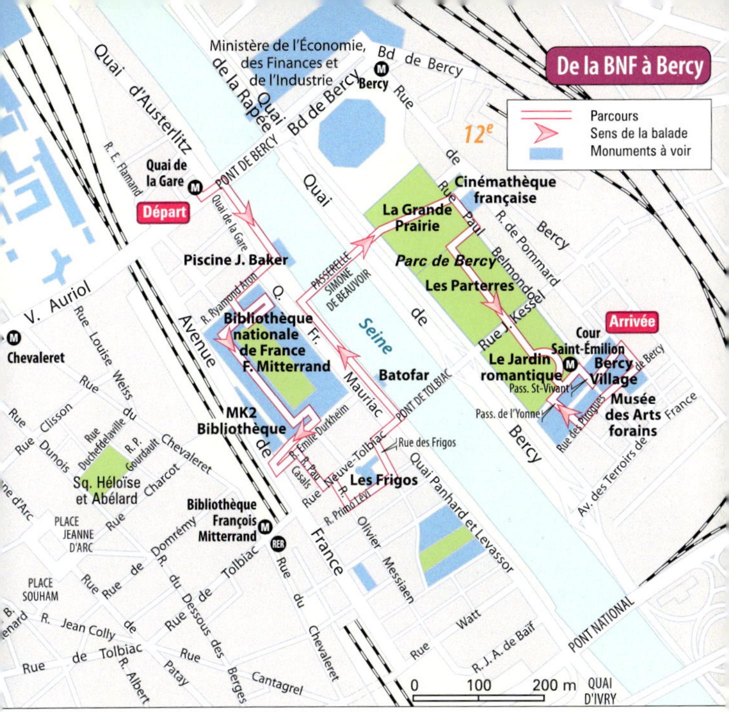

musée des Arts forains, un autre centre d'attractions à visiter un jour de pluie ! Ce musée est particulier : vous pouvez tester les manèges exposés lors de la visite *(53, avenue des Terroirs-de-France, 75012 - ☎ 01 43 40 16 22 - Visites sur r.-v., entrée : 16 €, 4-11 ans : 8 €).*

⓯ Une fois arrivé au niveau du cinéma *UGC*, regagnez le cour Saint-Émilion en franchissant la grille du passage de l'Yonne sur la droite, en face de la rue de Libourne. Encore une fois, remontez la cour jusqu'au passage Saint-Vivant… La boucle est bouclée ; traversez le passage en direction du parc et rejoignez la station de métro Cour-Saint-Émilion, à moins qu'une terrasse ne vous tende les bras, comme le ***Frog at Bercy Village*** *(25, cour Saint-Émilion, 75012 ☎ 01 43 40 70 71 - Lun.-jeu. 11h-2h, ven.-sam. 11h-3h, dim. 11h-2h. Petit déj. : t.l.j. 8h-11h30. Soft : 4-5 €, bière : 5,50-7 €).*

19 De Monceau AUX BATIGNOLLES

Entre quartier chic et village, le 17e arrondissement a plusieurs visages. Du côté des Ternes et de Monceau, grands immeubles bourgeois, population aisée et épiceries fines accueillent le chaland. De l'autre côté des rails menant à Saint-Lazare, se trouve le village des Batignolles, qui hébergeait en son temps une population ouvrière et maraîchère. Une espèce en voie de disparition, à l'heure où l'aménagement de l'ancienne zone de fret fait émerger un quartier moderne et fonctionnel. Mais quelques marques de ce passé persistent, comme l'église Sainte-Marie des Batignolles, l'une des plus dépouillées de la capitale. Se promener dans ce quartier, c'est donner corps à la mue actuelle que vit la capitale.

Départ : métro Ternes, sortie 2 direction salle Pleyel, sur la place des Ternes.

Durée : 1h30-1h40 environ.
Voir plan p. 159.

1 La promenade débute place des Ternes, que vous quittez immédiatement pour rejoindre la rue du Faubourg Saint-Honoré, située en face de vous lorsque vous sortez du métro. Histoire de voir les deux prochains spots à découvrir, placez-vous sur le trottoir de droite. Le premier se cache derrière un grand portail : c'est la villa Wagram, un joli passage où s'alignent quelques anciennes devantures. Un peu plus loin, au niveau du prochain carrefour, c'est le square du Roule qui se dévoile lui aussi derrière une grille. Les immeubles de style haussmannien,

construits sur l'ancien dépôt de la Compagnie générale des omnibus, hébergent quelques personnalités comme Jeanne Moreau ou Gérard Lenorman.

2 Au niveau de ce carrefour, vous apercevez la façade de la salle Pleyel, où sont joués concerts et spectacles : ne vous avancez pas dans sa direction, traversez plutôt et rejoignez la rue Daru : nous nous contenterons de l'entrée des artistes ! C'est d'ailleurs juste après cette entrée qu'apparaît le premier lieu de culte permanent de la communauté russe orthodoxe de France : la cathédrale Saint-Alexandre-Nevsky★, majestueuse avec ses quatre coupoles dorées. Elle est malheureusement souvent fermée au public. Vous aurez la chance de visiter l'intérieur si vous passez entre 15h et 17h les mardi, vendredi ou dimanche.

★ Pour la petite histoire...

Classée aux monuments historiques, cette cathédrale a mis quelques décennies à émerger... Les fidèles, qui se retrouvaient à l'ambassade russe de Paris, manquaient cruellement d'espace. Un projet fut lancé en 1847. Lenteurs russes et françaises auraient pu venir à bout de la patience des initiateurs, mais lorsque l'aval pour sa construction fut donné, il fallut à peine plus d'un an pour voir l'église apparaître ! Elle ouvrit ses portes en 1861. Les milieux russes du monde entier se montrèrent très généreux, mais des catholiques et des protestants participèrent aussi à l'effort financier.

Cathédrale Saint-Alexandre-Nevsky

❸ Plus loin dans la rue Daru, quelques immeubles Art déco vous font de l'œil sur le trottoir d'en face. Quant aux angelots du dernier bâtiment, ils gardent l'entrée menant aux coffres-forts…

❹ À cet endroit, vous rejoignez la rue de Courcelles. D'autres beaux édifices encadrent le carrefour, mais tournez-leur le dos : partez sur la droite et rejoignez le grand portail noir et or qui mène au parc Monceau. Sur le chemin, au n° 82, l'immeuble qui abritait les bureaux d'Henri Langlois (le fondateur de la Cinémathèque française) mérite qu'on s'y arrête rapidement pour ces têtes un peu effrayantes qui vous fixent du haut du premier étage !

❺ Vous avez rejoint les splendides grilles ? Si vous avez déjà foulé

Un parc… d'attractions

Vous croiserez dans le parc de nombreuses statues, mais aussi un bassin, une colonnade corinthienne, une grotte, une pyramide et un obélisque. À la fin du XVIIIe s., lorsque le paysagiste Carmontelle aménagea le parc, il ajouta également une pagode, une tente tartare et un moulin hollandais pour montrer les différents habitats du monde. Les visiteurs entraient par un portique chinois, traversaient des serres chaudes, se perdaient dans un petit cabinet à l'anglaise aménagé dans une grotte… Quelques années plus tard, le parc fut transformé en jardin à l'anglaise.

Portail du parc Monceau

la place Stanislas de Nancy, elles devraient vous rappeler quelque chose... Le modèle est quasiment identique. Franchissez-les et restez du côté gauche : cela vous permettra d'apercevoir le très bel hôtel particulier Menier, du nom du grand chocolatier. Les détails nombreux et chargés de la façade sont autant de signes de la réussite de l'homme dans les affaires cacaotées !

6 L'avenue Van-Dyck débouche sur le parc Monceau★, que vous allez maintenant parcourir en empruntant l'allée de la Comtesse-de-Ségur, face à vous.

★ Pour la petite histoire...

Le premier saut en parachute réussi eut lieu ici même, au parc Monceau ! Le 22 octobre 1797, André-Jacques Garnerin franchit le pas en se jetant lui-même : installé dans un panier d'osier relié à une sorte d'immense parapluie, il sauta dans le vide à 800 m de hauteur. Le parapluie mit quelques interminables secondes avant de s'ouvrir sous les yeux ébahis des spectateurs... persuadés qu'ils allaient assister à une mort atroce !

7 Lorsque vous apercevez la rotonde et ses colonnes - le pavillon de Chartres, pour être précis - rejoignez-la. Cet édifice est l'ancien pavillon d'octroi de l'enceinte des Fermiers généraux, autrement dit, le portail d'accès à la ville, qui était entourée d'un mur long de 24 km, où des taxes sur les marchandises entrant dans Paris étaient prélevées jusqu'en 1860.

8 Ressortez du parc Monceau : juste en face de vous (au niveau de la pharmacie), une sorte de patte-d'oie vous offre trois solutions. Optez pour la rue de Thann, située le plus à droite. À l'autre extrémité, un drôle d'édifice baroque vous attend.

9 D'autres immeubles originaux entourent la place du Général-

Hôtel, puis hôpital, puis banque

Des briques rouges et noires, un air sombre et gothique : c'est l'hôtel Gaillard du nom du richissime baron, régent de la Banque de France, qui le fit construire à la fin du XIXe s. Ce dernier fit réaliser une réplique presque exacte de l'aile droite du château de Blois pour exposer ses objets d'art et organiser de somptueuses fêtes avec plus de 2 000 invités ! À la mort du baron en 1902, l'hôtel devint un hôpital militaire, puis fut racheté en 1919 par la Banque de France. Aujourd'hui, l'édifice s'est mué en Cité de l'économie et de la monnaie, qui abrite des expositions temporaires et permanentes.

Catroux : longez la Banque de France sur votre droite, puis traversez la place sur votre gauche et rejoignez la rue Legendre. Au prochain croisement, où deux immeubles de petite taille se font remarquer, tournez à droite rue de Tocqueville.

10 Ensuite, l'animation soudaine de la petite rue de la Terrasse, à gauche, vous mettra sur la bonne voie pour rejoindre une rue commerçante toujours animée et joyeuse : la rue de Lévis. Remontez-la en partant sur la gauche. Nombre de maraîchers, bouchers, boulangers et autres épiceries spécialisées vous tendent les bras. C'est aussi un point de chute idéal pour faire une petite pause-café dans ce parcours ! Profitez donc de l'agréable terrasse du ***Sauret*** *(54, rue de Lévis, 75017 ☎ 01 47 63 30 77 - Lun.-dim. 7h-23h Café : 1,30-2,50 €, soda : 3-4,90 €).*

11 En ressortant de la rue de Lévis, vous retrouvez la rue Legendre : tournez à droite et parcourez la distance qui vous sépare du pont qui enjambe les nombreux rails menant à la gare Saint-Lazare.

12 Une fois le pont traversé, piquez à droite à la prochaine intersection : au n° 66 de la rue Boursault, saurez-vous trouver l'une des maisons les plus « étroites » de la capitale ? Un indice : elle est entourée par de belles façades Art nouveau. À droite, les *bow-windows* et leurs poutres métalliques sont

Rue de Lévis

issus d'une technique rarement utilisée à Paris ! Fait surprenant également, l'alignement des façades si cher au préfet Haussmann n'a pas été respecté pour les numéros suivants...

13 Empruntez la rue Bridaine au prochain croisement, puis tournez à gauche dans la rue des Batignolles. Au bout, une charmante place vous attend.

14 Si l'église Sainte-Marie des Batignolles est relativement simple, son chœur cache une Sainte Vierge étonnante, éclairée par une ouverture dans le toit. Une fois le détour fait par l'intérieur, longez l'église par sa droite lorsque vous sortez : à l'arrière se cache le joli square des Batignolles★ que vous allez maintenant traverser. Rejoignez l'allée Barbara dans le parc, sorte de chemin en pleine verdure ; vous suivrez alors un cours d'eau.

★ Pour la petite histoire...

Auparavant, cet espace était une simple esplanade où les habitants du village avaient l'habitude de flâner. Et comme pour le parc Monceau, la mode fut de suivre le modèle des jardins à l'anglaise. Voilà comment ce lopin de terre fut gracieusement aménagé, avec rochers factices, bassins ombragés, nombreuses essences d'arbres et différentes espèces de canards. Un vrai petit coin de paradis !

15 À l'autre bout du bassin, l'allée Barbara débouche sur la rue Cardinet et... ses grues : le quartier est en effet en pleine transformation. Partez à droite, et rejoignez dès que vous le pouvez le parc Clichy-Batignolles-Martin-Luther-King. Sur votre gauche, un chemin qui longe la rue vous permet de marcher au vert. N'hésitez d'ailleurs pas à vous enfoncer davantage dans

L'âme du village des Batignolles

Même rattachées à Paris, les Batignolles restent un village et non un quartier. Avant d'être adjoint par Napoléon III en 1860, le village comptait des fermiers, des artisans et quelques bourgeois. Manet, Fantin-Latour, Degas et autres peintres aimaient à se retrouver au Café Guerbois. La vie locale s'animait autour de la place où fut construite l'église Notre-Dame des Batignolles. La souscription ouverte pour sa construction en 1826 ne permit pas celle de la nef, et l'église n'était fermée que par une paroi de bois ! Finalement achevée en 1851, sa façade plate fut rehaussée d'un fronton de quatre colonnes qui lui donne ce petit air de temple grec.

ce parc, conçu autour du concept de développement durable.

16 Lorsque vous atteignez la sortie du parc, rejoignez la rue Cardinet pour terminer cette promenade : il vous reste à tourner à droite dans l'avenue de Clichy, et au prochain croisement, à repérer cette ruelle pavée qu'est la cité des Fleurs★ *(lun.-sam. 7h-19h, dim. et jours fériés 7h-13h)*. Franchissez la grille noire et oubliez l'agitation de la rue. Vous voici dans un de ces lieux hors du temps, hors de tout, où les chanceux habitants disposent d'un jardinet en pleine ville et s'en servent pour égayer la rue de mille couleurs. C'est une règle établie dès la construction du lotissement en 1847 : chaque propriétaire devait planter au moins trois arbres à fleurs dans son lopin de terre ! Au passage, vous avez peut-être remarqué qu'une maison de briques rouges tranchait un peu avec le style des autres habitations : celle-ci date en fait de la Seconde Guerre mondiale... Une bombe détruisit la précédente maison, et la nouvelle fut reconstruite en briques, cette fois.

★ Pour la petite histoire...

Il y a quelques décennies maintenant, deux sœurs pas vraiment jumelles dans la vraie vie naissaient dans l'ancienne clinique de la cité des Fleurs : Françoise Dorléac et Catherine Deneuve sont des enfants du quartier !

17 Une fois arrivé à la fin de la cité, deux choix s'offrent à vous : soit vous décidez de ressortir, auquel cas il vous faut emprunter la rue de la Jonquière à droite puis revenir sur vos pas rue Gauthey, soit vous faites demi-tour pour respirer à nouveau ces parfums de la cité des Fleurs avant de rejoindre l'avenue de Clichy. Dans les deux cas, une fois sur l'avenue, tournez à gauche pour retrouver la station de métro Brochant. C'est la fin du périple !

Les Batignolles en pleine mutation

Le parc Clichy-Batignolles-Martin-Luther-King était une ancienne zone de fret. Depuis 2007, la ville aménage les lieux pour en faire un immense poumon vert de 10 ha, du jamais-vu dans Paris intra-muros ! Le parc devrait atteindre sa surface définitive en 2020. Si la capitale avait accueilli les Jeux olympiques de 2012, ce quartier serait devenu le village olympique. Mais Londres ayant raflé la mise, le projet fut repensé. À terme, le parc abritera 3 500 logements sociaux, une crèche, un collège et de nombreux équipements sportifs.

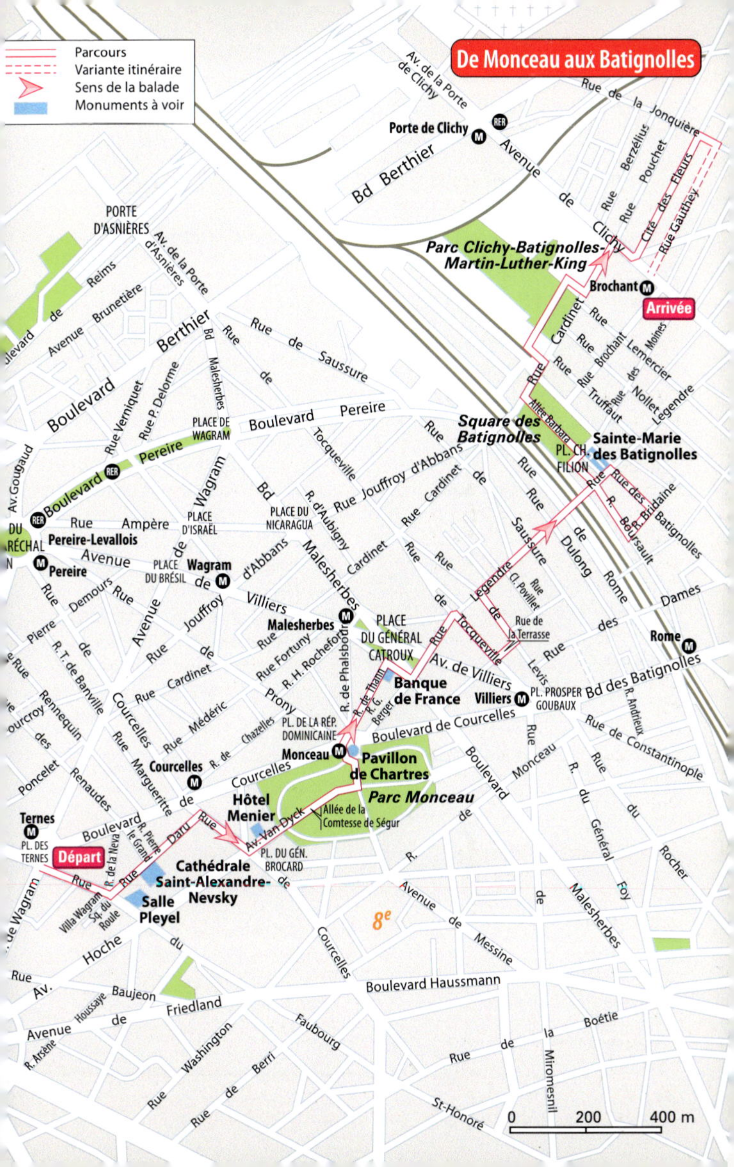
De Monceau aux Batignolles
Parcours
Variante itinéraire
Sens de la balade
Monuments à voir
Départ
Arrivée
Porte de Clichy
Bd Berthier
Avenue de Clichy
Av. de la Porte de Clichy
Rue de la Jonquière
Rue Berzélius
Rue Pouchet
Cité des Fleurs
Rue Gauthey
Parc Clichy-Batignolles-Martin-Luther-King
Brochant
Rue Cardinet
Rue Brochant
Rue Lemercier
Rue des Moines
Rue Nollet
Rue Truffaut
Rue Legendre
Allée Barbara
Square des Batignolles
Sainte-Marie des Batignolles
PL. CH. FILION
Rue des Batignolles
R. Boursault
R. Bridaine
PORTE D'ASNIÈRES
Av. de la Porte d'Asnières
Boulevard Berthier
Boulevard de Reims
Avenue Brunetière
Rue de Saussure
Bd Malesherbes
PLACE DE WAGRAM
Boulevard Pereire
Rue P. Delorme
Rue Vernique
Av. Gourgaud
Rue Tocqueville
Rue Jouffroy d'Abbans
Rue Cardinet
Rue de Dulong
Rue de Rome
Rue Ampère
PLACE D'ISRAËL
PLACE DU NICARAGUA
R. d'Aubigny
Pereire-Levallois
Pereire
Avenue Demours
PLACE DU BRÉSIL
Wagram
Avenue de Wagram
Avenue de Villiers
Rue Jouffroy
Malesherbes
Rue Fortuny
R. H. Rochefort
R. de Phalsbourg
PLACE DU GÉNÉRAL CATROUX
Rue Legendre
Cl. Poviller
Rue de la Terrasse
Rue Lévis
Rue des Dames
Rome
Banque de France
Av. de Villiers
Villiers
PL. PROSPER GOUBAUX
Bd des Batignolles
R. Andrieux
Rue de Constantinople
R. de Thann
R. G. Berger
Rue de Prony
Rue de Chazelles
PL. DE LA RÉP. DOMINICAINE
Boulevard de Courcelles
Monceau
Pavillon de Chartres
Parc Monceau
Rue de Monceau
Boulevard Malesherbes
R. du Général Foy
Rue du Rocher
Courcelles
Rue Médéric
Rue Cardinet
Rue de Courcelles
Rue Margueritte
R. T. de Banville
Rue Rennequin
Rue Pierre Demours
Rue Poncelet
Rue des Renaudes
Ternes
PL. DES TERNES
Hôtel Menier
Av. Van Dyck
Allée de la Comtesse de Ségur
PL. DU GÉN. BROCARD
Rue Daru
R. Pierre le Grand
R. de la Neva
Cathédrale Saint-Alexandre-Nevsky
Salle Pleyel
Villa Wagram
Sq. du Roule
Avenue de Messine
8e
Avenue Hoche
Rue du Faubourg
Rue Courcelles
Boulevard Haussmann
Rue Baujeon
Avenue de Friedland
Rue Washington
R. Arsène Houssaye
Rue de Berri
Faubourg St-Honoré
Rue de la Boétie
Rue de Miromesnil
0
200
400 m

20 Vers Montparnasse, LE PARIS *ARTY*

Souvent délaissé des Parisiens, le 14e arrondissement foisonne de petits trésors méconnus. Centre névralgique de l'activité artistique des années 1920, il a attiré de nombreux peintres, écrivains, intellectuels et politiques. Le quartier a alors évolué avec ses habitants : les ateliers d'artistes – ces immenses lofts aux plafonds hauts – ont fleuri dans les rues, dévoilant des façades Art déco ou Art nouveau subtilement travaillées. Un plaisir pour les yeux, sans compter les autres surprises qui attendent les passionnés d'architecture !

Départ : métro Denfert-Rochereau, sortie place Denfert-Rochereau.
En cas d'arrivée par le RER, faire le tour de la place pour arriver au point de départ de la balade : en face du lion de bronze.

Durée : 1h45 environ.
Voir plan p. 167.

❶ Ce parcours débute sur la place Denfert-Rochereau, reconnaissable à son majestueux lion de bronze et surtout connue pour être le point de départ d'une visite des catacombes… Sous vos pieds se trouve un gigantesque entrepôt d'ossements aménagé dans les anciennes carrières ! Mais notre visite se fait en surface, chez les vivants : traversez la rue Froidevaux, et rejoignez la rue Victor-Considérant. Vous voici déjà dans le Paris des artistes : après le n° 10, un bel entrepôt de la RATP, vous pourrez observer le premier immeuble d'ateliers.

2 Voici ensuite, au n° 12, ce que l'on appelle les « habitations-ateliers » : les quelque 40 logements possèdent tous un atelier d'environ 30 m² avec une hauteur sous plafond de presque 6 m pour accueillir les « grands travaux » des artistes. Contournez l'immeuble et continuez votre chemin sur le trottoir de gauche en direction de la Fondation Cartier : c'est la grande façade de verre qui apparaît au bout de la rue. Avant de l'atteindre, un autre atelier vous attend au n° 5 de la rue Victor-Schœlcher. Picasso s'installa juste à côté, au 5 bis, de 1913 à 1916.

3 Traversez maintenant le boulevard Raspail pour découvrir de plus près la Fondation Cartier. Avez-vous remarqué ce grand cèdre★, juste devant l'entrée ?

★ Pour la petite histoire...

Véritable « monument historique », ce cèdre du Liban fut planté en 1823 par Chateaubriand, qui vécut ici ! En construisant la fondation, l'architecte Jean Nouvel fit de cet arbre une pièce maîtresse de son projet.

4 Poursuivez la balade le long du boulevard, en laissant la fondation sur votre droite. Bientôt, le joli passage d'Enfer pointera le bout de son nez : franchissez le portail et ressortez par l'autre côté !

5 Le passage débouche sur la rue Campagne-Première : prenez à gauche pour rejoindre le boulevard Raspail. Au passage, admirez le magnifique immeuble-atelier du n° 31.

6 Repérez la tour Montparnasse avant de rejoindre le boulevard, puis empruntez le passage piéton situé sur votre gauche. Ensuite, repartez en direction de la tour et tournez à gauche dans la rue la plus verdoyante du quartier, la rue Émile-Richard★.

Le quartier des artistes

La façade ouvragée en céramique, située au n° 31 de la rue Campagne-Première, est un chef-d'œuvre de l'Art nouveau datant de 1911. Véritable symbole de l'âge d'or du quartier, l'immeuble rappelle l'époque bohème où artistes et réfugiés politiques élurent domicile dans ces rues. Outre Picasso, on pouvait y croiser Apollinaire, Modigliani ou encore... Lénine et Trotski, en pleins préparatifs révolutionnaires ! Hemingway et beaucoup d'artistes américains s'installèrent à Montparnasse pour fuir la prohibition dans les années 1920 : les filles et les bouteilles y étaient plus abordables qu'outre-Atlantique...

Tombe de Serge Gainsbourg, cimetière du Montparnasse

★ Pour la petite histoire...

Aucun habitant ne réside dans la rue Émile-Richard. Il y a peu de temps encore, c'était le rendez-vous des couples illégitimes, qui ne risquaient pas franchement d'embêter les voisins... Mais une petite chasse aux étreintes a raréfié cette habitude !

7 Il est maintenant l'heure de saluer quelques illustres disparus. Le portail du cimetière du Montparnasse, au n° 2, vous permet de pénétrer en son sein. Vous voilà dans le troisième plus grand cimetière parisien, surtout réputé pour la qualité de ses occupants ! Après avoir croisé la famille Adams, à votre droite sur l'avenue du Nord, tournez tout de suite à gauche pour remonter l'avenue de l'Est.

8 Lorsque vous pourrez observer le long du mur d'enceinte le cénotaphe de Baudelaire, tournez-lui le dos et plongez dans l'avenue Transversale. En scrutant les tombes sur votre droite, saluez ce cher Samuel Beckett, puis poursuivez votre chemin jusqu'à la statue du *Génie du sommeil éternel*, au centre du rond-point... Juste avant de l'atteindre, c'est la sépulture de Gainsbourg qui vous accueille. Tournez à droite, descendez l'avenue Principale en vous remémorant *La Cantatrice chauve* d'Eugène Ionesco lorsque vous croiserez l'allée Lenoir, un petit chemin de terre, puis rejoignez l'avenue du Nord. Ici, tournez à gauche : deux tombes méritent le détour ! Le fondateur de la Cinémathèque française, Henri Langlois, repose sous une reproduction du palais de Chaillot, où se trouvait initialement la cinémathèque, et quelques mètres plus loin, l'assistant de Niki de Saint Phalle, Ricardo, a eu droit à une œuvre de l'artiste, un gros chat coloré, pour égayer ses jours dans l'au-delà ! Au bout de l'allée, tournez à droite, puis rejoignez l'avenue du « Boulevart » qui vous conduira à l'entrée principale du cimetière. En regardant sur votre gauche, ayez une pensée pour ces amoureux libres de toute contrainte qu'étaient Jean-Paul Sartre et Simone de Beauvoir, réunis ici pour l'éternité...

9 Vous voilà de nouveau sur le boulevard Edgar-Quinet : prenez la direction de la tour Montparnasse pour continuer la promenade. Si vous faites cette balade un dimanche, vous aurez alors la chance de parcourir le marché parisien de la Création, qui s'installe sur le boulevard de 10h à 19h et permet aux artistes et artisans d'art de présenter leur travail. Plus loin, tournez à gauche lorsque la rue de la Gaîté pointe son nez. Quelques belles terrasses, dont celle du ***Tournesol*** sont conseillées pour une pause à mi-parcours *(9, rue de la Gaité, 75014 - ☎ 01 43 27 65 72 T.l.j. 8h-3h - Café : 1,10-2,30 €, soda : 3,60-4,60 €).*

Le centre névralgique des artistes

Cafés, restaurants, théâtres aux devantures colorées constituent le visage de la rue de la Gaîté. Comme pour rappeler les années fastes où la bohème était érigée en art de vivre, la Gaîté réunit les hauts lieux de la comédie et de la chanson : le théâtre de la Gaîté-Montparnasse (classé aux monuments historiques), Bobino, la Comédie Italienne (qui a pris la place d'un commissariat en 1980 !) et le théâtre Montparnasse attirent les spectateurs tous les soirs de la semaine.

Théâtre de la Comédie Italienne

⑩ Lorsque vous aurez rejoint l'avenue du Maine, laissez la tour Montparnasse dans votre dos, et remontez cette grande artère jusqu'au prochain passage piéton. Traversez, empruntez la rue de l'Ouest située à gauche de la fourche qu'elle forme avec la rue Jean-Zay. Vous voici dans une partie moderne de Montparnasse.

⑪ Traversez la petite place Constantin-Brancusi, grimpez les escaliers, et rejoignez la rue Jean-Zay en empruntant d'autres escaliers situés plus à droite. Partez en direction de la passerelle piétonne, et restez sur la rue Jean-Zay jusqu'à ce que vous ayez rejoint l'immense rond-point de la place de Catalogne. Imaginée par l'architecte catalan Ricardo Bofill en 1985, cette place est entourée de façades néoclassiques, un style rare à Paris ! Au centre, l'immense fontaine baptisée *Le Creuset du temps* voit s'écouler l'eau sur un plan incliné. Contournez-la en prenant à droite : cela vous permettra de saluer la tour Eiffel en traversant la rue du Château ! Après la rue Alain, franchissez le passage sous les deux imposantes colonnes pour retrouver la rue Vercingétorix.

⑫ Passez ensuite les grilles du jardin des Colonnes situé place de Séoul, sur la gauche : vous voilà dans un petit havre de paix au milieu d'un ensemble d'immeubles qui fait partie du projet de Ricardo Bofill. Il s'agit de logements sociaux de qualité. Ressortez du jardin. Devant vous, c'est maintenant la bien nommée Notre-Dame-du-Travail qui se dresse. Ne manquez pas l'intérieur : c'est une véritable surprise...

⑬ Au prochain croisement, tournez rue Crocé-Spinelli. Vous retrouverez la rue de l'Ouest.

Une structure métallique pour l'église des ouvriers

Destinée aux ouvriers du quartier qui s'étaient installés ici pour travailler sur l'Exposition universelle de 1900, l'église Notre-Dame-du-Travail date de 1902. Sa construction a donc eu lieu en pleine ère « métallique »: la tour Eiffel venait d'émerger, ce matériau était le comble de la modernité ! Mais ce n'était pas le seul argument : l'église fut construite uniquement grâce à une souscription populaire. Le budget était serré. D'ailleurs, certains éléments du palais de l'Industrie de l'Exposition universelle de 1855 servent aujourd'hui à soutenir la toiture !

Église Notre-Dame-du-Travail

Prenez à gauche, puis quittez-la immédiatement lorsque la rue Niepce se présentera. Au bout, c'est la très commerçante rue Raymond-Losserand qui vous attend. Tournez à droite et faites un petit crochet par la cité ouvrière située quelques mètres plus loin, sur le trottoir d'en face. Parfaitement rénovées, les petites maisons de l'allée du Château Ouvrier★ tracent un chemin vers ce même château.

★ Pour la petite histoire...

Ce drôle de château fut l'objet d'une jolie bataille en 1997. Promis à la démolition lors du réaménagement du quartier, il devait être remplacé par des logements sociaux. Mais quelques irréductibles décidèrent d'empêcher sa destruction ! La Mairie opta donc pour la réhabilitation du château. Sa vocation initiale fut même préservée... car l'ancienne propriétaire des lieux était une vieille philanthrope ayant acquis la bâtisse uniquement dans le but d'y loger les pauvres du quartier ! Plus bas, clin d'œil à l'histoire du quartier, des ateliers d'artistes ont été aménagés.

14 Continuez votre bonhomme de chemin rue Raymond-

Losserand, traversez la rue Pernety et, lorsqu'un immeuble à la façade richement sculptée se présentera à vous, bifurquez rue des Thermopyles. Voici un petit village camouflé en plein Paris...

Rue des Thermopyles

15 C'est justement au niveau du « coude » de la rue des Thermopyles, là où le nouvel immeuble a émergé, que vous allez quitter ce petit havre de paix pour un autre : en continuant tout droit sur quelques mètres, puis en tournant à gauche, vous rejoignez la cité Bauer. L'un des plus beaux portails de la capitale se trouve à quelques pas de là !

16 Nous voilà presque arrivés à la fin de cette promenade... Longez ensuite le petit parc puis tournez à droite rue Didot. Au prochain croisement, contournez la boulangerie pour continuer sur la rue du Moulin-Vert. Lorsque vous avez rejoint la rue de Gergovie, tournez encore une fois à droite et rejoignez la rue Raymond-Losserand. Plus bas sur la gauche, la station de métro Plaisance s'apprête à prendre le relais !

La bataille des Thermopyles... à Paris

La rue des Thermopyles est l'une des dernières rues privées de Paris. Chaque habitant doit donc entretenir la moitié de la largeur de la voie qui passe devant chez lui ! Ce qui lui permet de l'agrémenter d'autant de verdure qu'il le souhaite et d'organiser des fêtes sans quémander l'autorisation. Certes, ce statut nécessite un peu d'organisation, mais les heureux habitants du quartier font tout pour le préserver. Aussi, quand la Mairie décida de construire un immeuble de logements sociaux, les « Thermopyliens » s'en mêlèrent. Fait inédit à Paris, ils ont obtenu de pouvoir gérer eux-mêmes la pension pour sans-abri !

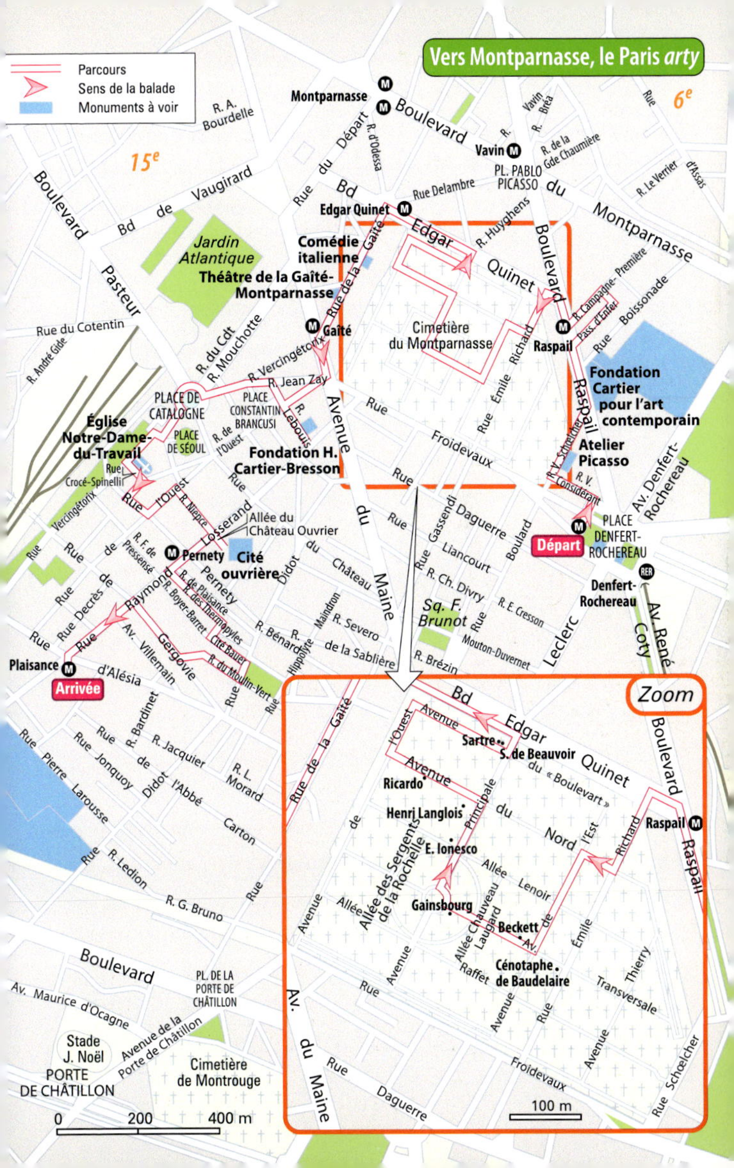
Vers Montparnasse, le Paris arty
Parcours
Sens de la balade
Monuments à voir
15e
6e
Montparnasse
Boulevard du Montparnasse
Vavin
PL. PABLO PICASSO
R. de la Gde Chaumière
R. Vavin
R. Bréa
R. Le Verrier
Rue d'Assas
R. A. Bourdelle
Boulevard Pasteur
Bd de Vaugirard
Rue du Départ
R. d'Odessa
Rue Delambre
Edgar Quinet
Bd Edgar Quinet
R. Huyghens
Boulevard Raspail
Jardin Atlantique
Comédie italienne
Théâtre de la Gaîté-Montparnasse
Rue de la Gaîté
Gaîté
Cimetière du Montparnasse
Rue Émile Richard
Raspail
R. Campagne-Première
Pass. d'Enfer
Rue Boissonade
Fondation Cartier pour l'art contemporain
Atelier Picasso
R. V. Schœlcher
R. V. Considérant
Av. Denfert-Rochereau
Rue du Cotentin
R. André Gide
R. du Cdt R. Mouchotte
R. Vercingétorix
R. Jean Zay
R. Lebouis
PLACE DE CATALOGNE
PLACE CONSTANTIN BRANCUSI
PLACE DE SÉOUL
R. de l'Ouest
Église Notre-Dame-du-Travail
Rue Croce-Spinelli
Fondation H. Cartier-Bresson
Avenue du Maine
Rue Froidevaux
Rue Daguerre
Rue Gassendi
Rue Liancourt
R. Ch. Divry
Rue Boulard
Départ
PLACE DENFERT-ROCHEREAU
Denfert-Rochereau
RER
Av. René Coty
Rue de l'Ouest
R. Niepce
Rue Losserand
Allée du Château Ouvrier
Pernety
Cité ouvrière
Rue Pernety
Rue Didot
Rue du Château
Rue Vercingétorix
Rue de Gergovie
R. F. de Pressensé
R. de Plaisance
R. des Thermopyles
R. Boyer-Barret
Cité Bauer
R. du Moulin-Vert
Rue Raymond Losserand
Rue des Plantes
Rue Decrès
Rue Maindron
R. Hippolyte
R. Bénard
R. Severo
Rue de la Sablière
Sq. F. Brunot
Rue Mouton-Duvernet
R. E. Cresson
R. Brézin
Leclerc
Plaisance
Arrivée
Rue d'Alésia
Av. Villemain
R. Bardinet
R. Jacquier
Rue de l'Abbé Carton
R. L. Morard
Rue Jonquoy
Rue Pierre Larousse
R. Ledion
R. G. Bruno
Boulevard
PL. DE LA PORTE DE CHÂTILLON
Av. Maurice d'Ocagne
Avenue de la Porte de Châtillon
Stade J. Noël
PORTE DE CHÂTILLON
Cimetière de Montrouge
0
200
400 m
Zoom
Bd Edgar Quinet
Avenue de l'Ouest
Sartre
S. de Beauvoir
Avenue du « Boulevart » du Nord
Ricardo
Henri Langlois
Avenue Principale
Allée des Sergents de la Rochelle
E. Ionesco
Allée Lenoir
Gainsbourg
Allée Chauveau Laugard
Beckett
Av. de l'Est
Cénotaphe de Baudelaire
Allée Raffet
Avenue Transversale
Rue Émile Richard
Av. Thierry
Raspail
Boulevard Raspail
Av. du Maine
Rue Daguerre
Rue Froidevaux
Rue Schœlcher
100 m

REMERCIEMENTS DE L'AUTEUR

ɘs nombreux conseils avisés de l'équipe de choc d'Hachette m'ont été rt précieux : merci Marine pour ton professionnalisme et ton tact, merci nne-Sophie pour ta patience et ta disponibilité, et bien sûr, merci Cécile ɔur ta confiance renouvelée !

nfin, un dernier clin d'œil pour Coralie Grassin, auteure tout-terrain chez achette et testeuse au pied levé pour ce livre !

CRÉDIT PHOTOGRAPHIQUE

térieur : toutes les photographies sont de **Marjolaine Koch,** à l'exception ɔ celles des pages suivantes :
érôme Plon : p. 47.
dobe Stock : rdnzl : p. 12 ; dennisvdwater : p. 50 ; arnaudmartinez : p. 81 ; varman : p. 88 ; archives de Ricardo Bofill : p. 164.
hutterstock : Christian Mueller : p. 15 ; nikolpetr : p. 17 ; EQRoy : p. 29 ; VP76 : p. 32, p. 112 ; Kiev.Victor : p. 44, p. 136 ; Celli07 : p. 106 ; Petr ɔvalenkov : p. 116 ; joan_bautista : p. 162.
GE : edpics : p. 70 ; Marschall H : p. 91.
etty : Bruno De Hogues : p. 57, p. 78 ; Franck Chazot : p. 147.
emis : SONNET Sylvain : p. 1, p. 98.

ouverture :
lat 1 :
isuel principal : Musée de la Vie romantique, © SONNET Sylvain/hemis.fr
isuel bas gauche : Grande Mosquée de Paris, © SONNET Sylvain/hemis.fr
isuel bas droite : Bassin de la Villette, © GARDEL Bertrand/hemis.fr

lat 4 :
isuel haut gauche : Parc de Belleville, © GARDEL Bertrand/hemis.fr
isuel bas droite : Galerie Vivienne, © Robert Hoetnik/shutterstock

abat avant :
afé *La Maison Rose*, © GARDEL Bertrand/hemis.fr

Édition originale établie et revue par **Marjolaine Koch.**

Direction : Nathalie Bloch-Pujo
Direction éditoriale : Cécile Petiau
Édition : Marine Barbier-Blin, Camille Dupont, Émilie Lézénès, Géraldine Péron, Adam Stambul, Julie Wood
Suivi éditorial : Anne-Sophie de Précourt
Lecture-correction : Nadine Lucas
Ont également collaboré à cet ouvrage : Lisa Fichter, Marie Lagrave, Emma Lecadre, Émilie Prudhommeaux
Cartographie : Frédéric Clémençon, Aurélie Huot et Abigaëlle Nivoix
Fabrication : Liza Sacco

Conception graphique de la couverture et de la maquette intérieure : Caroline Joubert • www.atelier-du-livre.fr
Mise en pages intérieure : Chrystel Arnould

Contact presse : rmazef@hachette-livre.fr - ☎ 01 43 92 36 66
Contact publicité : vhabert@hachette-livre.fr - ☎ 01 43 92 32 52

Aussi soigneusement qu'il ait été établi, ce guide n'est pas à l'abri des changements de dernière heure, d'erreurs ou omissions. Ne manquez pas de nous faire part de vos remarques. Informez-nous aussi de vos découvertes personnelles, nous accordons la plus grande importance au courrier de nos lecteurs :

Guides Un Grand Week-end - Hachette Tourisme - 58, rue Jean-Bleuzen, 92 170 Vanve
weekend@hachette-livre.fr
Facebook @GuidesUnGrandWeekend • **Instagram** @ungrandweekend • **Twitter** @ungrandweekenda

Nouvelle édition mise à jour du titre *Balades et petites histoires parisiennes* paru pour la première fois chez Hachette en 2012

Édité par Hachette Livre (58, rue Jean-Bleuzen, CS 70007, 92 178 Vanves Cedex)
Imprimé par Polygraf (Capajevova 44, 08199 Presov, Slovaquie)
Achevé d'imprimer : février 2019
ISBN : 978-2-01-706356-8 - 43-4334-3
Dépôt légal : février 2019 - Collection n°44 - Édition : 01